THE RICHEST MAN IN BABYLON

漫画 バビロン大富豪の教え

「お金」と「幸せ」を生み出す五つの黄金法則

原作 ジョージ・S・クレイソン
漫画 坂野旭 企画・脚本 大橋弘祐

文響社

バビロン大富豪の教え

本書は１９２６年にアメリカで出版された『The Richest Man In Babylon（バビロンいちの大金持ち）』を翻訳、脚本、漫画化したものです。

古代バビロニアを舞台に、お金を貯め、守り、増やす原理原則が学べるこの物語は、資産家や銀行員たちに読まれ、瞬く間にベストセラーになり、いまなお、多くの人に読まれています。現代に出版されている多くのお金に関する書籍の原点ともいうべき本でもあります。

百年近くたった今でも、世界中でこの物語が読まれているのは、目先のお金を

得るためのテクニックではなく、「お金に愛される知恵を身に付けること」や「働くことの大切さ」「人との付き合い方」など、時代を超えて通用する、人間が幸福になるための真理が書かれているからかもしれません。

ぜひ、本書を最後までお読みいただき、いつの時代にも通用する普遍的な知恵を身に付け、お金に振り回される窮屈な人生から解放されてほしいと思います。

そして、夢を叶えることや、家族や友人との絆を深めることなど、それぞれの豊かな時間を歩んでいただけることを望みます。

プロローグ 金に動かされる現代人

プルルルル
寝てるとき
電話で起こされるのって
すげーむかつくよな？
分かるよ
東京
プルルルルルル
可燃ゴミ
可燃ゴミ
可燃ゴミ
でも、その
一本の電話がきっかけで
人生が変わる人間がいる
……む
プルルルル
着信中
近藤　武
プルルル
!
Zonfy
着信中
近藤　武

俺――
大場拓也だ
ピッ
おお どうした こんちゃん
元大学教授・考古学者
大場拓也
中東
はは 懐かしいな その呼び方! よお 久しぶりじゃんか たくやん
調子は どうだ?
近藤グループ第９代目社長
近藤武

可燃ゴ
不燃ゴ
調子は
どうもこうも
ねーよ
悪いさ！
……？
「悪い」？
大学教授の
仕事は？
あー
あ…
クビになった
!?

クビになった!?
貴代子《よめ》さんは
はあ!?
愛佳ちゃんは
ぱたっ
別れたよ
元嫁《あっち》の親権
……!
今何してるんだ?
たくやん…!
ボロアパートなう
マジ…?
あんなに優秀だったたくやんがプータローやってるとかないよな??
プータローじゃねえよ
高校の非常勤教師

大学辞めるとき
コネで紹介して
もらった
ハッハッハッ
ほぼ働かなく
ても月13万
ボロい儲けだろ?
住む建物もボロく
なっちまったが
それって
ほぼ
プータローって
言うんじゃ……
お前今俺のこと
プータローだって
思ったろ
ヨタ…
ドカ
ギクッ
ま、
まさか!
あのなー
確かに暮らしは
見すぼらしい
かもしれんが
グラッ…
ウチには値こそ
付かなくても
考古学的に貴重な
ものが沢山あるんだ
馬鹿にしてると
痛い目みるぜ

フラッ
どうした
たくやん！
大丈夫か!?
うわぁぁあああぁぁぁあぁぁあ
バサバサ
うわああああぁぁあああぁぁぁあ

壺があぁぁ
壺があぁぁ
壺…？
無事だぁぁ
……
ぷく－！
ばーーん
良かった…
良かったぁぁああ
じんじん
ナデナデ
なんだ？？
近藤
お前今どこに
いるんだ？

イラク
!
イラク…?お前 今、そこがどういうとこか分かってるのか
ああ…でも危険を冒してまで来た甲斐はあった
俺の会社で発掘事業に投資していたのは知ってるだろ?
まあ
そうなのか?
ぽり ぽり
イラクが遥か昔なんていう国だったかたくやんなら知っているんじゃないか?
遥か昔の国…?

此処は昔の……
「バビロニア」だよ
お前の専門分野だろ？
！
バビロニア
紀元前一八世紀から紀元前四世紀頃に、現在のイラクのあたりに存在した王国。首都はバビロン。
資源が乏しかったことから他地域との交易が盛んであり、数学や金融が発達した。
神殿では穀物などの貸付をおこなっていたことから銀行の起源とも言われている。
※三次関数や三平方の定理、複利の概念もあった。

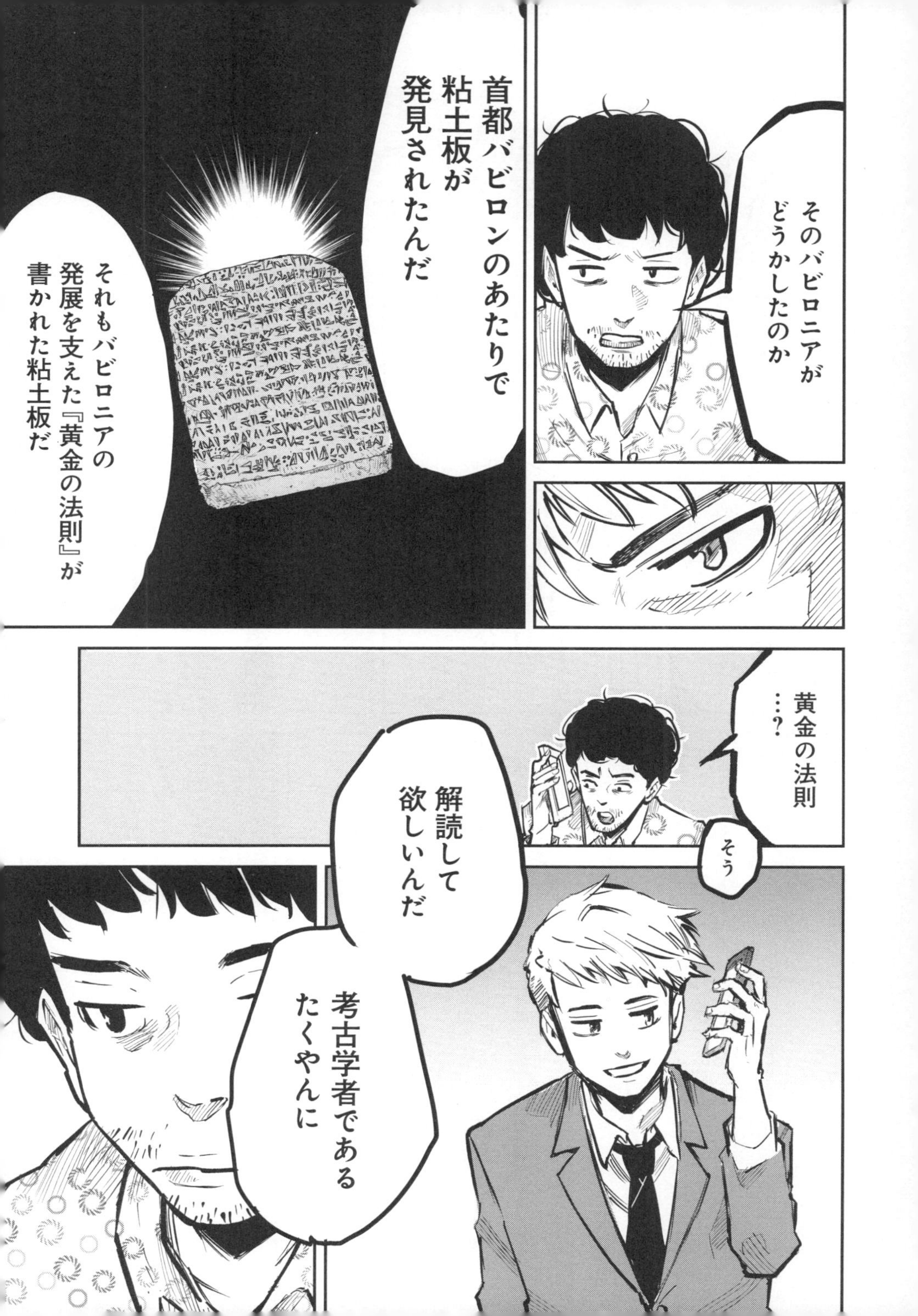

そのバビロニアがどうかしたのか
首都バビロンのあたりで粘土板が発見されたんだ
それもバビロニアの発展を支えた『黄金の法則』が書かれた粘土板だ
黄金の法則…？
そう
解読して欲しいんだ
考古学者であるたくやんに

悪いな
考古学は
やめたんだ
えっ
待ってくれ
たくやん
じゃあ今は…!?
言っただろ
非常勤教師
や…
やめた!?
本気か!?
考古学者は
たくやんの
天職のはずだ!
天職…
そんな風に
思った時も
あったよ
……

でもそうじゃなかった
結果としておれは妻も娘も失っている
これが〝現実〟だ
催促書
督促状
他を当たってくれ
…………

この粘土板には確実にめちゃくちゃ重要なことが書かれてある
世紀の大発見に近づくかもしれない!
!……
チャンスだぞ!? 俺にとってもたくやんにとっても!
!
とにかく俺がそっちに行くまで待っててくれ!
!
この家に来るつもりか!?

マジで来やがった！
くそ！
俺はやらねえって
言ってんだろ
粘土板の解読
なんか！
帰れ！
待ってくれ
話を聞いてくれ
ガチャ
どう
してもか？
当たり前だ！
……

…たくやん結婚式で言ったよな
「絶対にこの女性《ひと》を幸せにする」って
……金がないそれは無理だった
金ならある
この世には沢山
!?

でも
それを得るためには知らなくちゃいけない
小手先のhow toじゃない
太古から脈々と築かれた
「黄金の法則」を
この粘土板には
「富を得るための真理」が記されているかもしれないんだ！
…だったらなんだ
201

借金があるんだろ？
………
悪いが調べさせてもらった
！
……っ帰れ！
今更借金なんか怖いものか！

取り戻したくないか？
奥さんと子供のいた生活
!!?
バビロンの黄金の法則なら叶うかもしれない
そして粘土板を解読できるのはお前だけだたくやん

とりあえず
粘土板は
置いていくよ
俺が
壊しちまう
可能性だって
あるぞ!?
たくやんには
そんなこと
できないよ

報告を待ってる
………
取り戻したくないか、奥さんと子供のいた生活
俺は…

本当はやりたかったのかもしれないな…ずっと
バビロンの黄金の法則…!
こうなったら
絶対に解読してやる!!

おお……
言い
忘れていた

これは
俺がバビロンの
黄金法則を知り
ロン
N IN BABYLON
の教え
出す五つの黄金法則

巨万の富を築く
までの物語である
バビ
THE RICHEST M
大富豪
「お金」と「幸せ」を生み
原作 ジョージ・S・クレイソン
漫画 坂野旭 企画・脚本 大橋弘祐

第三章

第一章

バビロン一の大金持ち

なぜ、同じように働いているのに、貧乏人と大金持ちがいるのか？

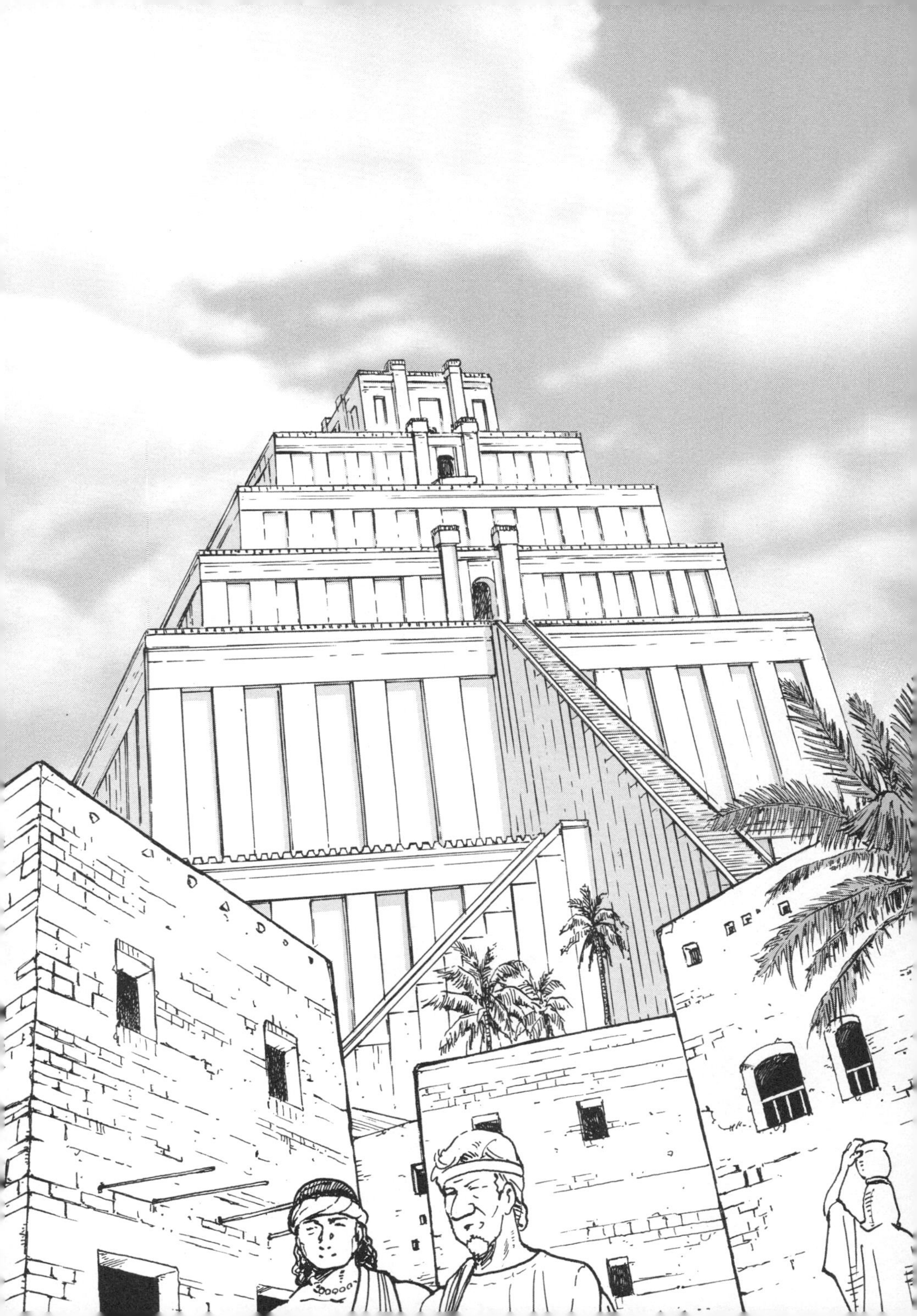

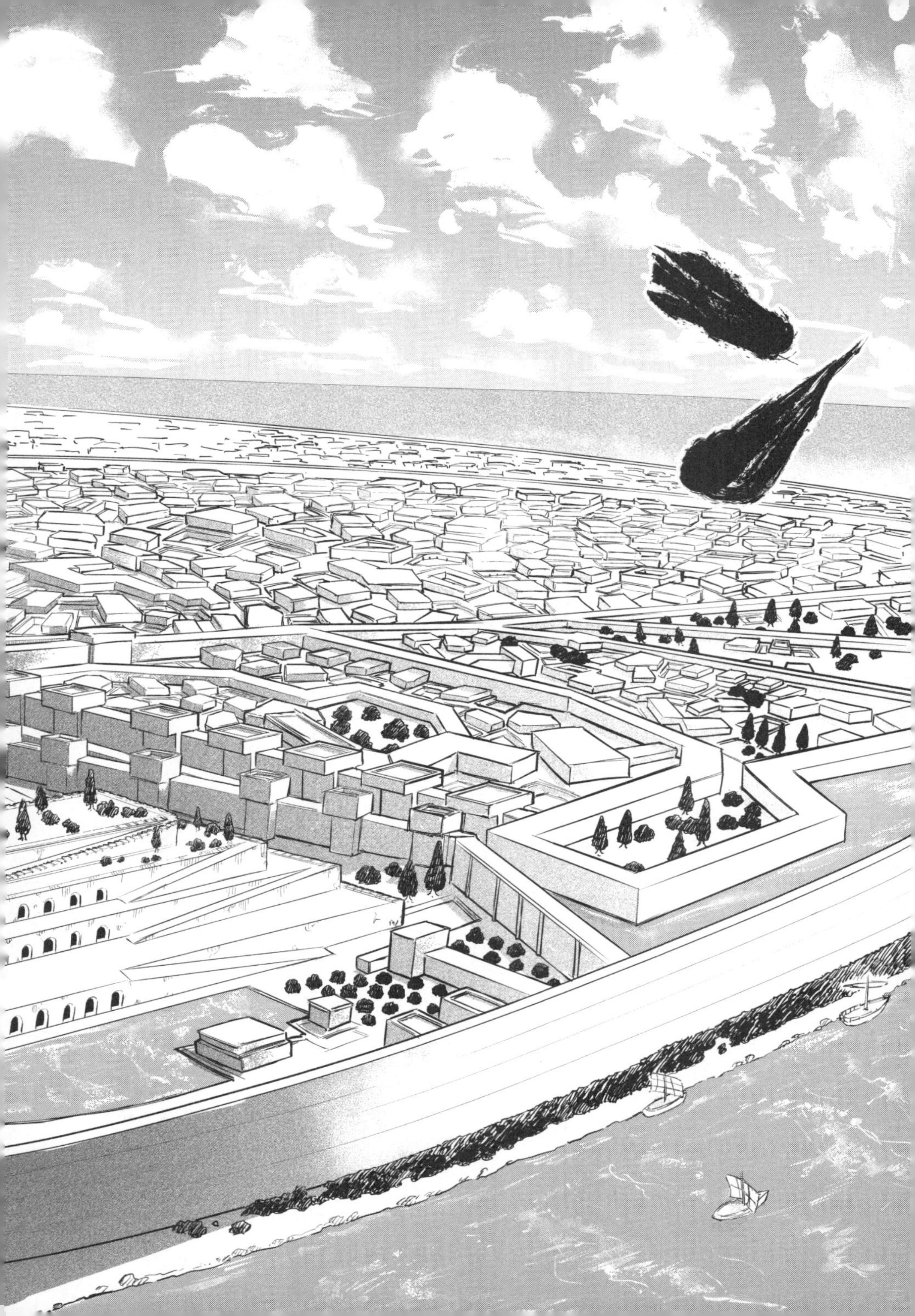

ド
バビロニア王国
首都バビロン

ギコギコ
ゴロゴロ
俺はバンシル
ふーー！
貧乏人だった俺の人生を書き記そうと思う
未来の誰かにむけたメッセージとして
武器職人の息子
バンシル
ゴトッ

15歳の時
ドッカ
カラン
俺は
貧乏のせいで
一日働きづめ
ジンジン
毎日手を豆だらけ
にしていた…だが
とある行動を
きっかけに
痛て…
転機を迎える
ことになる
ボロッ

疲れたけど
やらなきゃ
仕事は終わらない…
ぎゅっ
……
ピッ
よし！
木材を
研磨して…
できた

今日のノルマは
終わったよ
父さん！
ああ
あとは
休憩でいいぞ
！
わかった！
……
父さんは
大丈夫か？
朝から働きづめ
じゃないか
人の心配してないで
さっさと休め
！
うん！

今月の小遣い…
もう銅貨一枚しかないや
これじゃパンも買えないな…
どういうことかハッキリしろ！
！
何か話してる

今月には必ず返す…
先月も聞いたぞその台詞…
頼む待ってくれ
……
…言っておくが
こっちだって余裕がない中金を貸してるんだ
自分だけが苦しんでると思うなよ
子供売り飛ばせば金貨の一枚や二枚手に入るだろ‼
……すまない
すまないじゃ済まないよ!
……
……!

……
……
……
いいか!? 来月までに返せなきゃ子供は奴隷になると思え!
……わかった

わいわい
がやがや
大通り
俺売られちまうのかなぁ…
おっバンシル！
！

コッビ
商人の息子
コッビ
今、休憩か？
ああ
しばらく休んだら
また仕事だ
なあ
聞いてくれよ！
さっき通りで
お姫様を見たんだ！
えっ
本当か！
品があって
おしとやか…
ああいう娘《こ》を
妻にできたら
最高なんだろうな

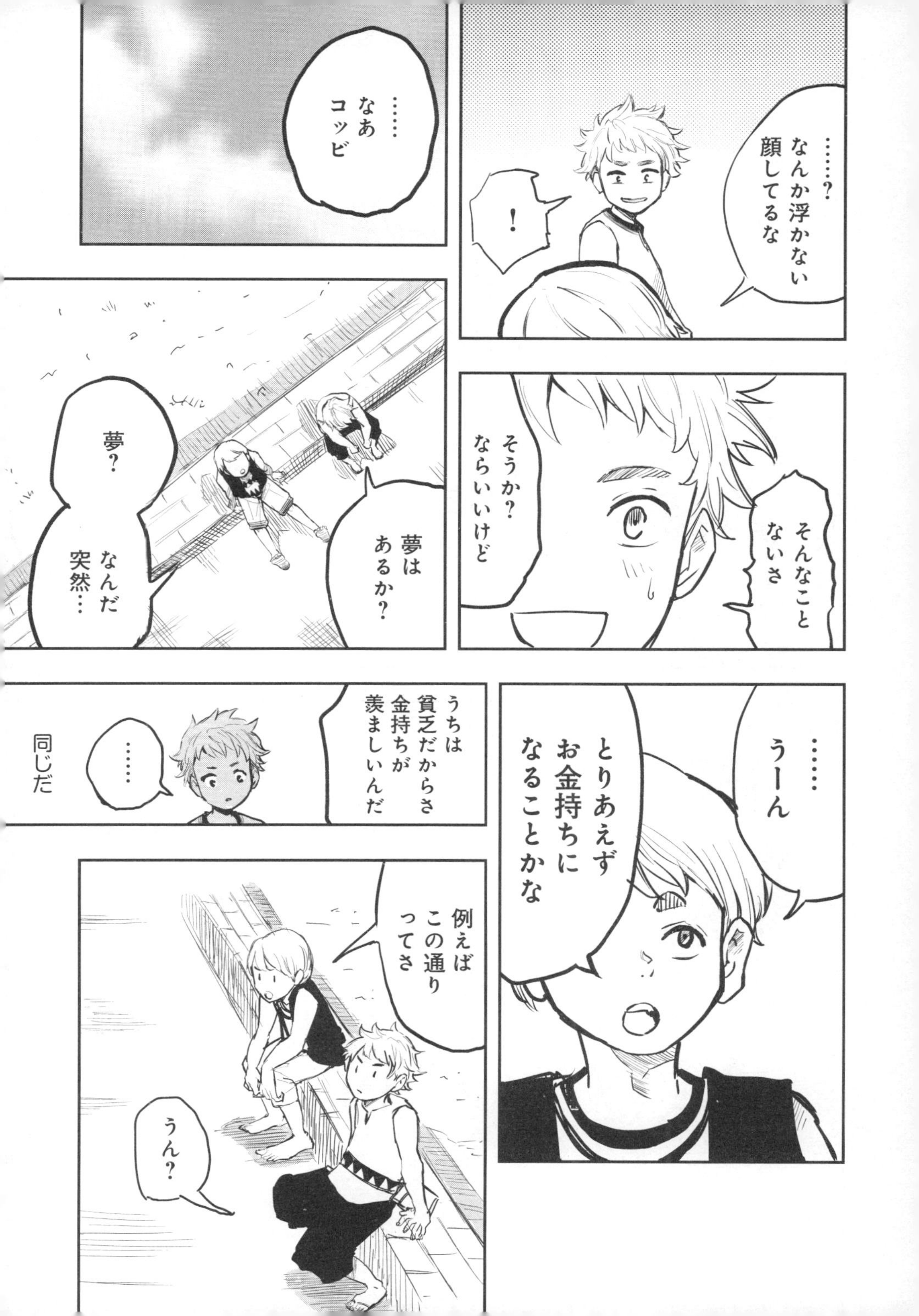

……？なんか浮かない顔してるな
！
……なあコッピ
そんなことないさ
そうか？ならいいけど
夢はあるか？
夢？なんだ突然…
……うーん
とりあえずお金持ちになることかな
うちは貧乏だからさ金持ちが羨ましいんだ
……
同じだ
例えばこの通りってさ
うん？

誰もが平等に歩ける道だよな
そうだね
けど見ろよ
ガヤ
ワイワイ
ガヤ!!

ガハハハ
そこを歩く人々の身なりは全然平等じゃない！
どうしてこんなにも貧富の差が生まれるんだろう
……
まぁ確かに…
不思議だ！
こんなに違うのはなんでだ？
生まれ？
商才？
ルックス？
だとしたら俺たちはどうすれば金持ちになれる？

……なんだろう分からないいな
金持ちに生まれてればどんなに楽だったか
もし俺が金持ちだったら
家族に楽させてあげたい
そうだ…
聞きに行かないか？
金持ちになる方法！
金持ちになる方法を聞く？
そう！
そうすれば
働かなくても金持ちになれるかもしれない！
働かなくても金持ち！

直接金持ちに聞いてみるんだよ！
きっと簡単な方法があるはずさ！
……
そんな簡単になれるかな…
でもやらないよりマシか…！
…けど誰に聞くんだ？
俺たちの周りの金持ちなんて…
アルカドがいるだろ
…あっ！

ガサ…
バビロンの大富豪
アルカド
!

…誰だ
応えない…か
チャキ
ならば
ズバッ

アルカド!!
！
バンシルとコッピか
びっくりした?
くせ者だと思って危うく斬りかけたぞ
えっ!?

なるほどな
それで、疑問を持って
わしの所に来たわけか
うん…
教えてくれアルカド
どうしてこの街には
お金持ちと貧乏な人が
いるのか
どうしたら
俺たちはお金持ちに
なれるのか!
ふむ…
なるほど
バンシルは
「欲する者の目」を
している
いいだろう
その話をしよう
二人とも
私の家について
きなさい
やった!
ありがとう
アルカド
試してみるか…

ここが
アルカドの家……

ではじめようか
お金持ちになるための話を
お金持ちになるための話…

まず
お前たちにとって
〝金持ち〟
とはなんだ？
お金をたくさん
持っている人！
コッビも
同じか？
……
はい
そうか
ふむ
結論から言ってそれは
〝お金持ち〟ではない
えっ？

例えば、わしがお前達に金貨10枚を手渡したとしよう
金貨10枚⁉
お前達はそのお金を何に使う？
…⁉
たくさんあるよ！使い道！
大きな鶏肉を食べたいし分厚いパンに蜂蜜をたっぷり塗って食べたい‼
それでお金は増えるか？

増える…？
使うばかりでは いつしかお金は 無くなってしまう
そうなるなら その人は お金持ちではない
いいか お金持ちというのは 簡単なようでいて 難しい
難しいようでいて 簡単な ものなんだ
……？ どういうこと

なんていうことはない
〃お金持ち〃というのは
「お金の増やし方を
知っている者」
人々は彼らを
お金持ちだと
言っているのだ
I know!!
重要なのは
『増やし方』
お金の…
「増やし方」？
左様
その知識は
いくつかあるが
まずはじめに
しなければ
ならないことが
ある

収入の十分の一を貯金することだ
!!
収入の十分の一を貯金する…
なるほど…
…って
そんな簡単なことでお金持ちになれるわけないよアルカド!

いや…
待ってコッビ
！
バンシル!?
アルカドはバビロン一の大金持ち…
今俺たちに出来ることは
素直に話を聞くことぐらいだ
大切なのは素直さ…
父さんと母さんがそう教えてくれた
……

それをやれば
お金持ちに
なれるんだね？
それだけでは
充分ではない
が
はじめの扉を
開かない者に
次の扉は見えない
！
わかった…

やってみるよ
まずは
その教えから
行こう
コッピ
えっ
ありがとう
アルカド
待て
お前たち

私は王に頼まれ人々にお金を生み出す秘訣の講義をしている
わしが言えば誰でも中に入れる
半年後教えを守れていたなら来なさい
次の知恵を教えてあげよう

!
うん!
アルカド様
ふふ
頼もしいものだな
次の世代の求心力は

コラム『バビロン 大富豪の教え』を現代に応用する

1 収入の十分の一を貯めるとどれくらい貯まるのか

サラリーマンの生涯年収は平均で約3億円と言われています。平均的な収入が得られる職業につき、アルカドの言うとおり1／10を貯蓄にまわせば、定年までに3000万円を貯めることができるということです。さらに夫婦共働きならば6000万円が貯まることになります。

もし、収入の1／10でなく2／10を貯めることができるのなら、それだけで1億2千万円。もし1割しか貯蓄しない場合でも、6000万円を年利3％で運用することができれば、資産は1億円を超えるので億万長者になれるのです。（『1億円貯める方法をお金持ち1371人に聞きました』（トマスJスタンリー・序文 橘玲）より引用。どのように運用するかは、後述します）

1億円以上の資産があることを「お金持ち」と定義するならば、ア

ルカドの言う通りお金持ちになる方法はいたってシンプルです。

また、「１億円の資産があること」をお金持ちと定義しましたが、はたして、本当に１億円も必要か考えてみる必要があります。

おそらく、多くの人がお金に対して不安を覚えている一番大きな理由は、自分が働けなくなる老後に必要になる資金のことだと思います。

実際、銀行や保険会社のパンフレットには「老後に１億円必要になる。だから今のうちに備えておくべきです」と謳っています。

しかしながら、洋服であれ電化製品であれ、昔よりも品質のいいものが安く手に入るようになったように、おそらく未来は品質のいいものがもっと安く買えるようになっているはずです。

また、65歳を過ぎて老後を迎えたときに、いまと同じように物を買ったり、精力的に活動することは減ると考えられます。いま思っているよりもお金は必要なくなるのです。

では、先行き不安な将来に対して、いくら貯蓄するべきなのでしょうか。それには最低限の生活ができるであろう**年金支給額にプラスして、「あといくらほしいか」を考える**ことをおすすめします。

仮に、老後を60歳から90歳の30年間（３６０か月間）とします。年金にプラスして、あと月１万円が必要なら３６０万円、10万円が必要なら３６００万円（３６０か月×10万）が老後に必要な資金となります。

先の例で言えば、夫婦共働きで収入の１／10を貯蓄して６０００万円を貯蓄できたなら、毎月年金プラス約17万円（６０００万÷３６０か月）の暮らしができるということ

老後
に必要な金額
＝
360か月
×
年金
にプラスして
ひと月に
必要な額

とです。
まとめると、平均的な年収を得られるように職業に就く。老後にいくら必要なのかを決める。そして、収入の1割から2割を貯金、あるいは1割貯金して3％程度で運用する。このシンプルなことを実行すれば、お金に困らない人生を送ることができるのです。
しかしながら、魅力的なモノやサービスが溢れる現代においては、その簡単なことを続けるのが難しいのです。では、どうしたら収入の1／10を貯蓄することができるのでしょうか。120ページに続きます。

第二章

学びの殿堂

初夏
ザッ

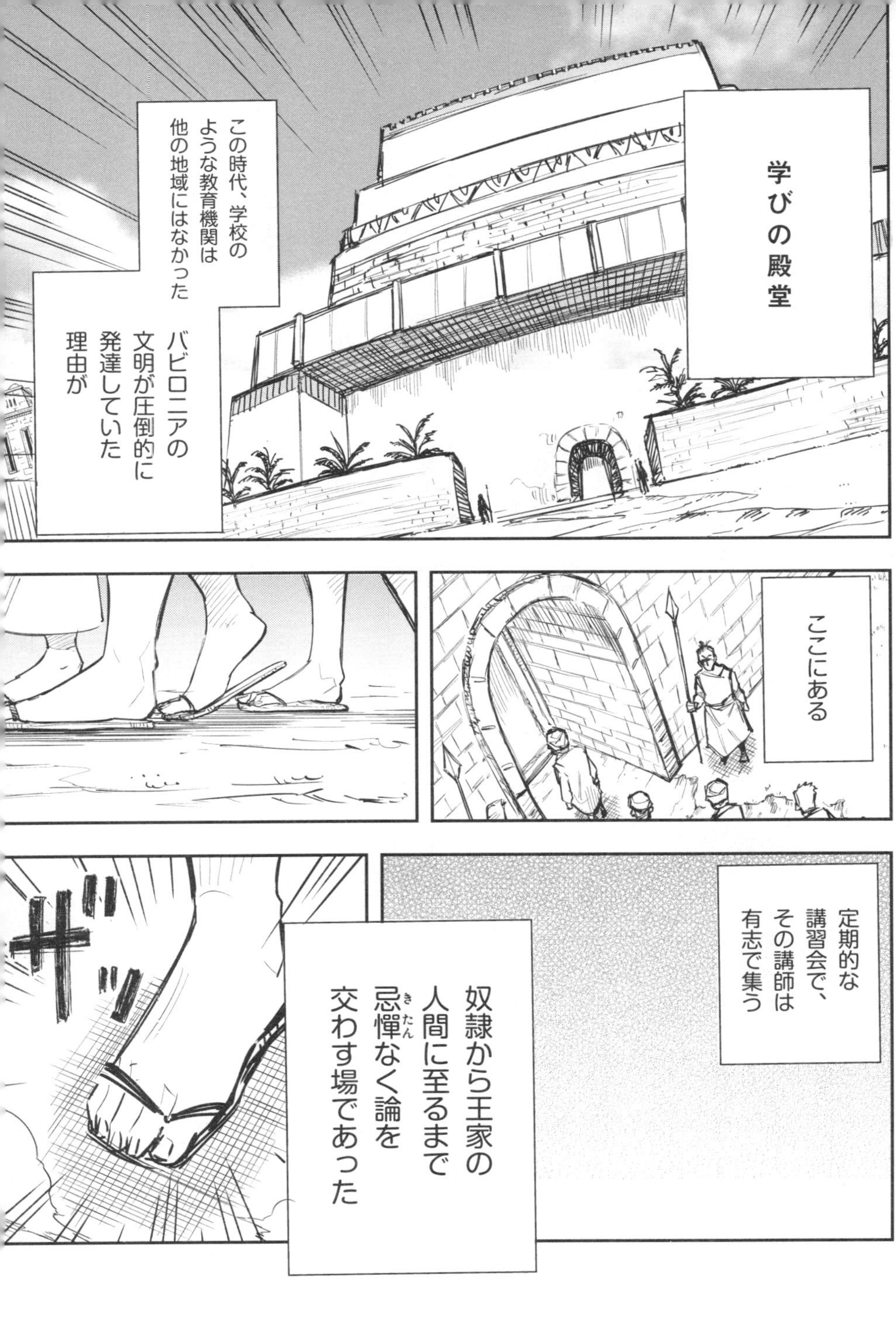
学びの殿堂
この時代、学校のような教育機関は他の地域にはなかった
バビロニアの文明が圧倒的に発達していた理由が
ここにある
定期的な講習会で、その講師は有志で集う
奴隷から王家の人間に至るまで忌憚《きたん》なく論を交わす場であった
ザッ

やっぱり
やめようぜバンシル！
子供のくるところじゃ
ないって！
ドン
大丈夫！
学びの殿堂は
誰だって
入れるんだから
子供がいたずら
しに来る所じゃ
ない！
ええっ!?
ほら

いたずらじゃないい！アルカドの講義を聞きに来たんだ！
アルカド様の？
嘘をつくな帰れ!!
ギイイ…
すまんなそいつらはわしの友人だ
アルカド様！
ふふよく来たな子供達
いいんですか？こんな汚い子供入れて
あと少し臭い
なっ!?
ガーン
はっはっは

知識の前ではみな平等!
それがバビロニアの教えだ
中も少し見たいだろう?奥で待っておるぞ
うんっ!

すごいぜ
バンシル
削り出しの
石柱だ
あんまり
はしゃぐと
人にぶつかるぞ！
ぎゃん！
あ…
痛…
…誰？
大丈夫
ですか？

触るな！貧乏人が
ばーん
失せろ！

たっ!
……
あんぐり
あ…
あれもしかして…
お姫様⁉
め…
めちゃくちゃ
性格悪いじゃ
ないか‼
自分が
品があって
おしとやかだって
言ったんじゃ
ないか
ぶーん
失せろって
何だよ
失せろって!
まぁ
ぶつかって
いったのは
コッピだから…

なんだよ
バンシル
あいつの
肩を持つのか
肩を持つって
いうか…
何してるんだ
お前達
学びの殿堂は
こっちだ
教えは守れて
いたか？
もちろん！
コツ

ならば今は見えるはずだ
〝次の扉〟が
ここが…
学びの殿堂…!!
私は王の命でここにきた、さぁ
忌憚《きたん》なく論を交わそうぞ!

アルカド様だ…！
あれが…
ざわ
ざわ
スッ
この中に
多くのお金を持つ者はいるかな？

…いるわけないでしょ
いたら講義聞きにこないしな…
あてつけか？
しっ、聞こえるぞ
ざわ
ざわ
……
これから無人島で生きようとする〝奴隷〟に

その日の魚を分け与えても意味はない
？
いくら魚を与えようが
食べ尽くせば餓死してしまう
であれば
魚の釣り方を教えること
！
君たちも全く同じだ
君たちに今何十枚金貨を与えようがそれに価値はない
それより重要なのは
明日の「銅貨」を手に入れる方法を知ること！

銅貨の価値は金貨に劣れども
その知識はいずれ大きな資産となる
それでも…
いますぐ〝金貨〟を欲しいと思ってしまう私は…
…愚かでしょうか
……
想像してみなさい
籠《かご》の中に毎朝10個の卵を入れ…毎夕そこから9個の卵を取り出す…
いずれ籠は卵であふれかえるだろう
何故《なぜ》かわかるか？

これはあの日教えてもらったことだ！
入れる卵の方が一個多いからです！
左様
真理とはいつも簡単《シンプル》なものだ
〝収入の十分の一を貯金せよ〟
1/10
そうすればあなた方の財布は確実に膨らむことになる

これは「黄金を増やす七つの道具」と名付けられた知恵の一つに過ぎない
安心したまえ もったいつけたりはしない
今 この場で
私は七つ道具の全てを公開するのだから
……!

二つ目の道具を授けよう
先ほどの卵の例から考えれば明らかだが…
毎日九つの卵を取り出せば残りは一つ
では取り出す卵を八つにすれば？
…二つずつ卵がたまります
二倍だ…
……
馬鹿野郎！そんな風に簡単にいかないから
わざわざ講話を聞きに来たんだろうが！

そうやって何事も頭から否定する姿勢が今日の貴様を産んだのだ!!
……
あなたのご職業は何かな？
……粘土板に文字を刻み付ける書記の仕事です
!……
なるほど
ふふ
奇《く》しくも私の若い頃の同業者がいるとは
あなたは？
わたしは肉屋です
農家が育てたヤギを買って加工し
肉を民家に売って回り
皮は靴屋に売ります

ここにいる人々にそれぞれ違う仕事があり
皆が今日まで財産を貯められずにいる
生活にかかるお金はそれぞれバラバラなのに…だ
どういうことか
それは
不足
どれだけお金があろうが
結果的に全ての人がお金に不足を感じる、ということだ
換言しよう
人間の欲望というものはどれだけお金を使おうが際限なく溢れ出るものなのだよ
欲
欲
欲
欲
!?

人間の欲望には際限がない…
だからこの中で収入がいい者も悪い者もいるはずなのに
皆一様にお金を使い切ってしまうのだ
だとすればやることは一つ
収入の十分の一を貯金に回し
残りの十分の九で叶えられない欲望を諦めるのだ
!?
欲望を諦める…
……
「お前の願いは叶わない身の程をわきまえろ」ってことですか?

そうではない
十分の九しか使わないと決めれば
1.食
2.住
3..衣は後回しで・・・・か!!
ボクは食べるのが好きだから・・・・・
自分に本当に必要なものは何か考えるようになるだろう?
自慢したい
輝く宝石が欲しい
高価な服が欲しい
広い家に住みたい
牛革の靴が欲しい
かっこいい馬が欲しい
高い酒を飲みたい
お金が足りなくなるのは宝石や装飾品など必ずしも必要のないものまで欲しがっているからだ
だったら優先順位の低い欲望は切り捨ててしまえ
生活水準は大して変わらない

そうすれば
一番やりたいことのためにお金を使うことができる
すなわち第二の道具は〝欲望に優先順位をつけよ〟である
これが第二の道具…
第三の道具を与えよう
3

この中に「もう10枚の金貨があれば金貨を15枚に増やせるのに」と、そう思っている者はいないか？
スッ
私は鉱石の商人をやっているマルマールという者です
なんでもユーラシア大陸の方では珍しい宝石がザクザク採れるそうで
その地方の鉱石商はバビロンの商人を探していました
地元で安く買い付けバビロンで高く売れば
金貨は山のように入ってくるわけです

しかし、ものは宝石ですある程度の元手が必要…
10枚の金貨を持っていれば私はさらなる財産を築くことができたのです
ふむ…なるほど
逆の例を紹介しよう
金貨を10枚持っていた男が
貧乏な盾職人にお金を貸したところ
利息をたくさんつけて返してくれたそうだ
男は受け取った利息も含めてまたその盾職人にお金を貸した
すると受け取った利息がさらに大きくなって返ってきた
分かるか？金を持っていることが財産ではない
「定期的に金が入ってくる仕組み」こそ本物の財産なのだ
！

これが
第三の道具
〝貯えた金を
働かせよ〟である
金に
働かせる
……!
……
そんなこと
できるかな……
……
道具の
四つ目は
〝危険や
天敵から金を
堅守せよ〟
である!

お金という
ものは不意に
なくなってしまう
危険を持っている
たら…
ではどう
したら危険を
なくせるか
先ずは原則として
「元金を守ること」
ある程度金が
貯まってくると
儲け話に
のりたくなってくる
しかし
大きく儲けようと
あり金を全て
差し出すのは
愚か者のすることだ
ZZZ
百万シェケル$
…わしは一度
全く宝石のことが
わからない
レンガ職人と
宝石売買の仕事をして
全財産を
失ったことがある
そして
もう一つ
方法がある

例えば
ある人物が
儲け話をもって
きたとする
20%
あなたは
きっとどうすれば
お金を働かせ
られるかあれこれ
考えるだろう
しかし
自分の感覚に
頼っては
いけない
そういう時は
必ずその道に長けた
人に相談することだ
20%
その話に
のってはいけない！
専門家
何故かと
いうと、
カクカク
シカジカ…
しかも彼らの
多くは協力的で加えて
タダでアドバイスして
くれる者も多いのだ
賢者たちの
忠告は時に
儲け話以上の
価値がある

第五の道具は〝より良きところに住め〟である
ただ安くて広い借家に住めばいいと思っている者が
なんと多いことか!!
衣
住
家というのはただ住むだけのものではない
「庭で遊ぶ子供達」「妻が育てたイチジクやブドウ」「仕事場までの距離」
住居は幸せな生活と密接に関わっており、そしてその幸せは貯金を増やすモチベーションとなる
住居への支払いは心を豊かにする投資と言えるのである

第六の道具はその次の不安への対応策
それすなわち「将来への不安」に対する道具
〝今日から未来の生活に備えよ〟である！
未来の生活に備えよ？
そうだ
毎月少しずつでも金を積み立てていけば
老人になって動けなくなった自分や、自分が死んだ後の家族に貯えを残すことができる
人間はみないつか必ず死ぬ
奴隷であろうが王であろうが同じだ「それ」からは逃げられない
……

おそらく近い将来 この「将来の安心を売る商売」が始まるだろうと私は思っている
例えば、月に銀貨1枚を支払うことで代わりに病気や怪我のとき、十倍になって返ってくる
この徴収を30人から行っておけば、うち2人が病気になっても商売として成立するだろう
詐称への対処や細かい金額設定は必要だが
どういうこと？
だから月銀貨30枚集めたら二人怪我しても結局手元には10枚の銀貨が…
怪我したって嘘つかれたらどうするんだ？
だからその対処が必要だってアルカドは言ってんだろう
＊アルカドの言っているこのビジネスモデルは現在「保険会社」が担っている
おれその商売やろうかな
次で最後だ
七つ目か…
……

最後に
第七の道具を教える前に…
…？
一つお前たちに
言わなければならないことがある

あの燭台《しょくだい》と
あの燭台との境界線には
壁がある
……
壁？

その壁は何だか分かる者は居るか？
……

持つ者と…
持たざる者…？
！
！…俺たちは
所詮持たざる者…
貧乏人ってことかよ
ざわ
ざわ
ざわ
ざわ
ざわ
ざわ
違う！

…バンシル？
さっき
アルカドは言った…
知識の前ではみんな
平等だって…
ざわ
なんだ？
子供？
ざわ
なんでここに？

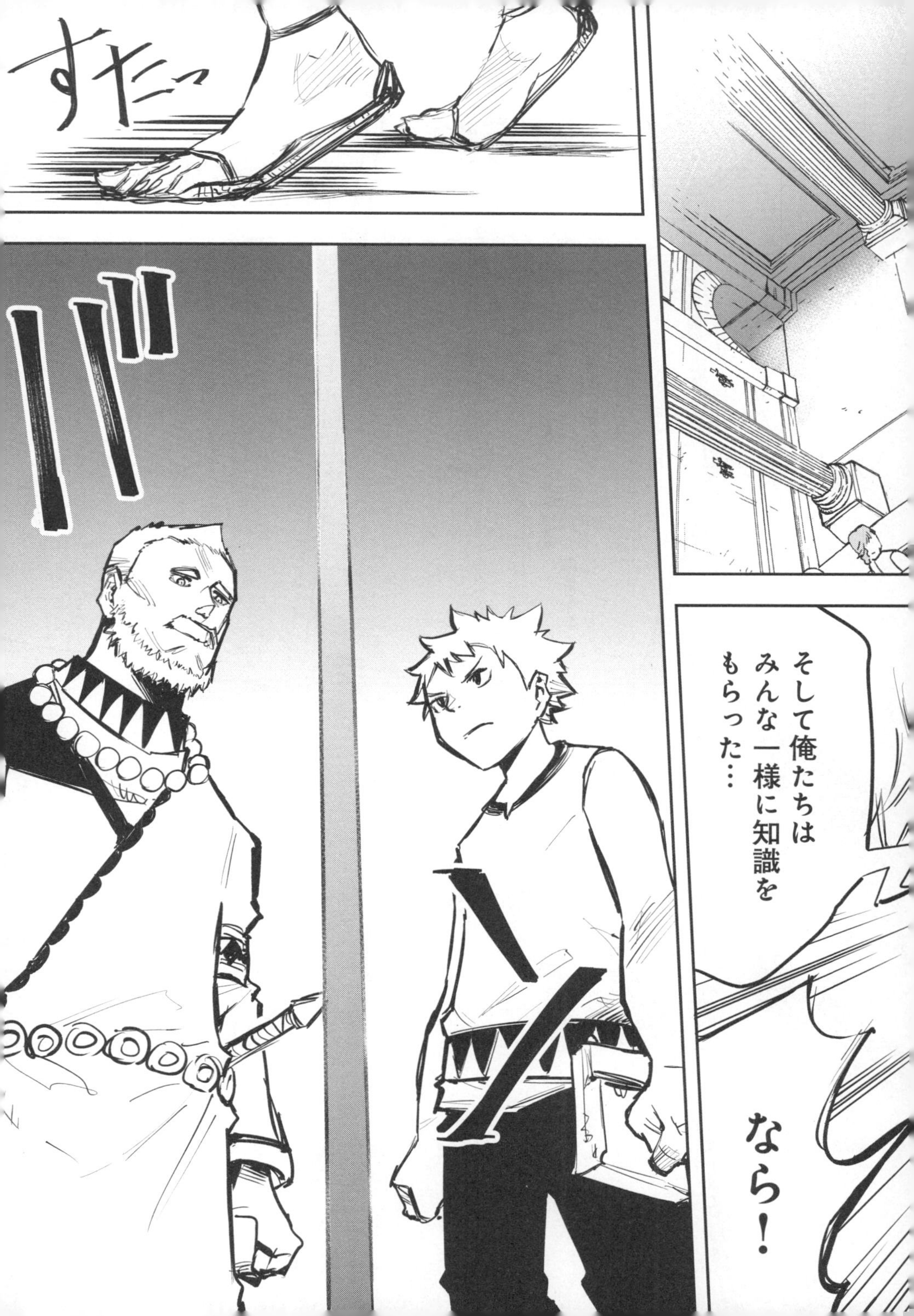
すたっ
ザ
そして俺たちは
みんな一様に知識を
もらった…
なら！

その境界を分かつ壁は…
動いた者とそうでない者！

……
あの時と同じ顔だな
…バンシルよ

うん！
これこそが
黄金の七つ道具の
最後の一つ
〝自分こそを最大の
資本にせよ〟である!!
そう…
勝利の女神は…
行動した
人間にこそ
微笑む
壁は払われた！
これからの私たちは…
同志だ!!

共に

バビロンの繁栄を
誓おう!!
こうして
アルカドの
半日に及ぶ講義は
終わった

〈黄金に愛される七つ道具〉

1 収入の十分の一を貯金せよ

2 欲望に優先順位をつけよ

3 貯えた金に働かせよ

4 危険や天敵から金を堅守せよ

5 より良きところに住め

6 今日から未来の生活に備えよ

7 自分こそを最大の資本にせよ

コラム『バビロン大富豪の教え』を現代に応用する

2 収入の十分の一を貯金しても「生活水準が変わらない」は本当か

みなさんは「お金持ち」と聞いてどんなイメージを抱かれますか。

豪邸に暮らし、高級車を所有。海外旅行に行っては、ビーチで寝そべり、ゴルフ三昧。そんな姿を想像するかもしれません。

しかし、アメリカの元大学教授で富裕層研究者のトマス・J・スタンリーの著書『The Millionaire Mind』によれば、アメリカの総資産100万ドル（当時の為替レートで1億1千万円）以上の富裕層に大規模調査をかけた結果、**実際のお金持ちは、フェラーリの保有率はとても少なく、くつや家具を修理して使い、中古物件に住み、家族との時間を大切にする**、という結果が得られたそうです。私たちが思い浮かべるお金持ち像とはかけ離れた姿を教えてくれます。

実際、マイクロソフトの創業者ビル・ゲイツは使えきれないほどお金を持っているのにもかかわらず、飛行機はエコノミーで移動するそうです。

ビル・ゲイツは「なぜ、あなたほどの富豪がエコノミーで移動するのか？」と聞かれると「ファーストクラスでも到着する時間は一緒だから」と答えたといいます。

フェイスブックのマーク・ザッカーバーグは会社までホンダのコンパクトカーで通っているそうです。

そう、億万長者はお金の使い方が合理的なのです。

休みの日の過ごし方においても、お金持ちは派手なパーティーを開いているイメージを抱くかもしれませんが、実際は山で緑を楽しんだり、ビストロで友人と過ごしたりするのです。物質主義的な消費は、精神的に満たされないことをすでにわかっていて、「ダサい」と考えるのです。

アルカドは「黄金に愛される七つ道具」の中で、収入の十分の一を貯金する、それを実現するために「欲望に優先順位をつけて、叶えられない欲望をあきらめる」また、「優先順位の低い欲望をあきらめても生活水準は変わらない」と教えてくれました。

もし、あなたが高級ブランドの衣料品やスマートフォンの新機種の購入、高級店での外食などを考えているのなら、本当にそれが必要か考えなおしてみませんか。もし、それらを我慢しても生活は変わらないということはないでしょうか。

また、生命保険や携帯電話代の固定費の見直しは、とくに効果的です。どちらも複雑な契約体系なので、変更するための心理的なハードルが高いですが、見直しすれば長く支払うものなのでトータルでの節約額が大きいからです。

次に貯めたお金をどのように運用するのがいいのか考えたいと思います。

２５４ページに続きます。

第三章 試練

――価値があるのは、金貨が入った袋か、知恵が詰まった袋か？

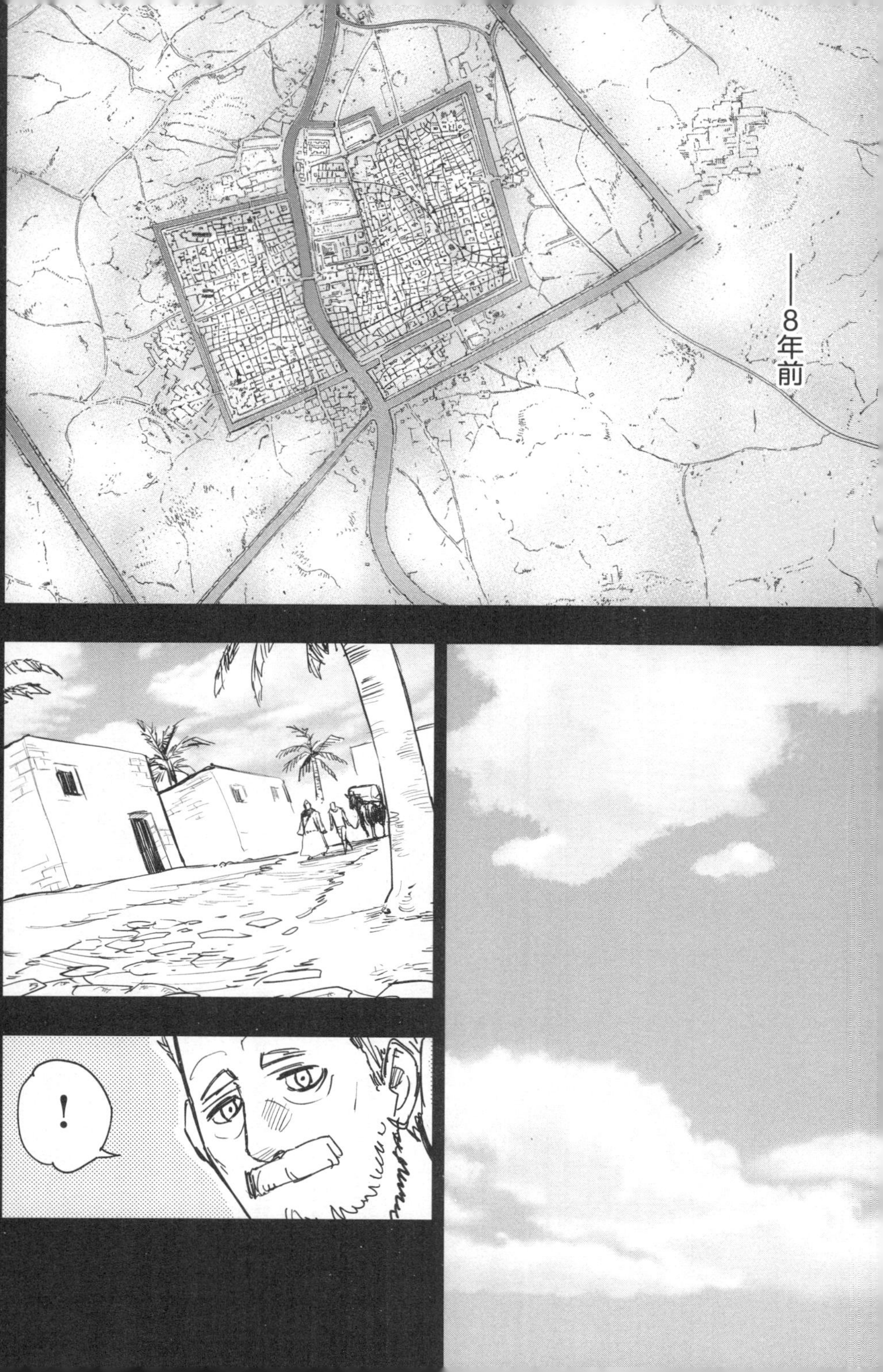
──8年前
！

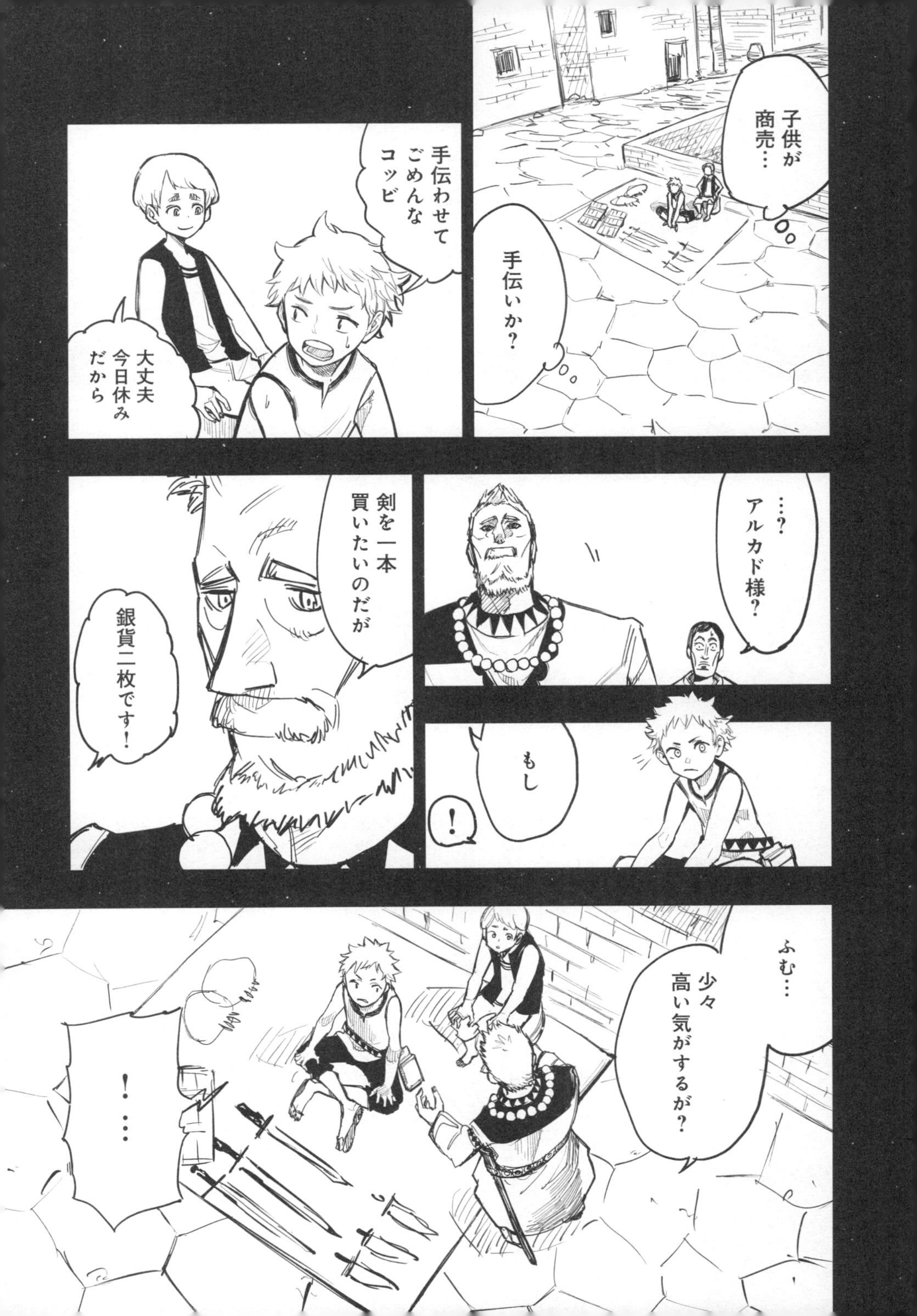
子供が
商売…
手伝いか？
手伝わせて
ごめんな
コッピ
大丈夫
今日休み
だから
…？
アルカド様？
剣を一本
買いたいのだが
銀貨二枚です！
もし
！
ふむ…
少々
高い気がするが？
！…

出た！アルカド様の「値切り」
あれで相手の商才を見ておられるのだ…！
こんな子供がアルカド様のお眼鏡にかなうわけないのに…
高くないよ！
！
この銀貨二枚の中には「手間賃」も入っているんだ
！
手間賃…？
そう
…！
ほうそれは良い
うちは絶対に刃こぼれしないように作ってるからね
一年以内に刃こぼれするようなことがあれば新品と取り替えるその「保障代」さ

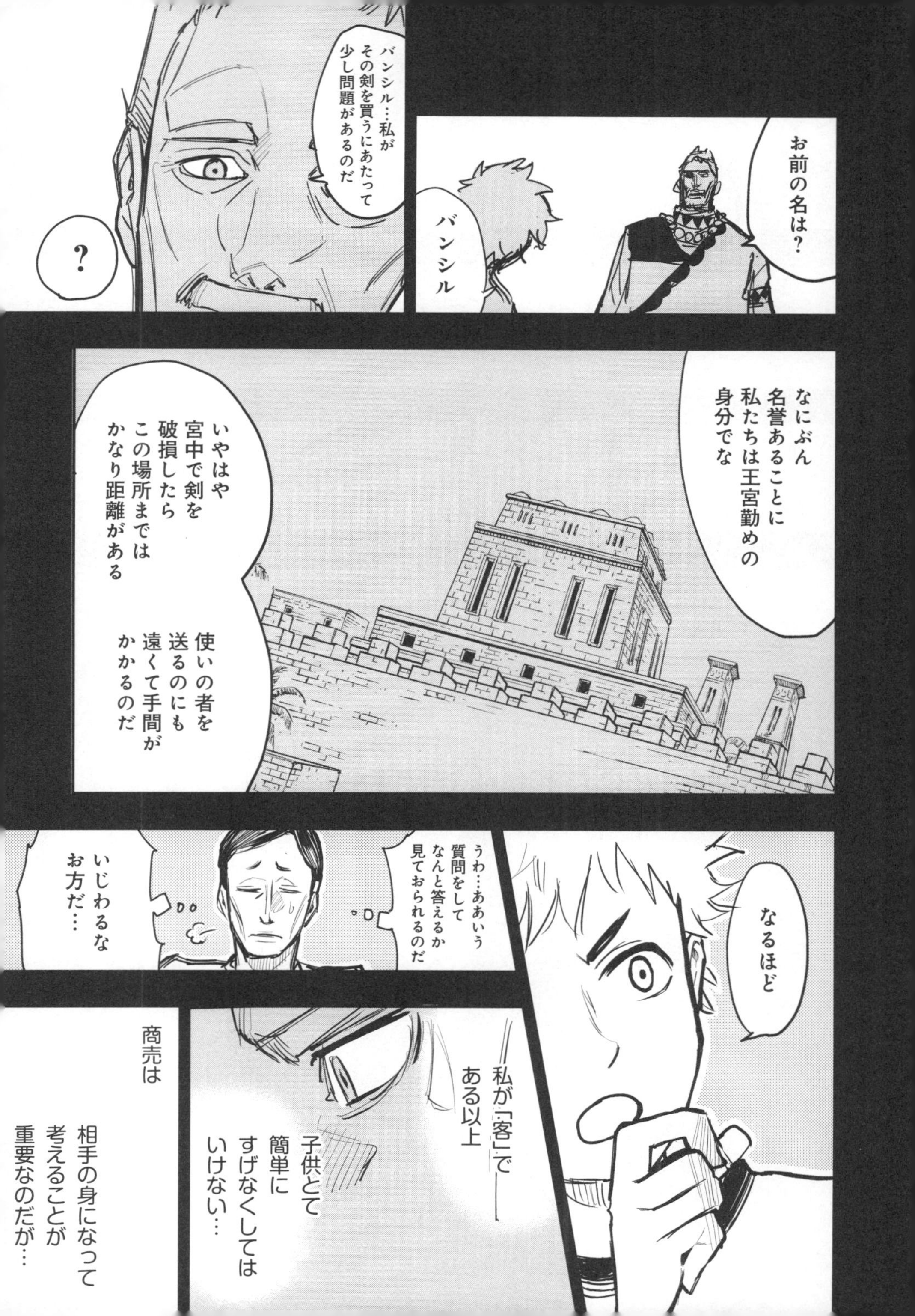
お前の名は？
バンシル
バンシル…私がその剣を買うにあたって少し問題があるのだ
？
なにぶん名誉あることに私たちは王宮勤めの身分でな
いやはや宮中で剣を破損したらこの場所まではかなり距離がある
使いの者を送るのにも遠くて手間がかかるのだ
なるほど
うわ…ああいう質問をしてなんと答えるか見ておられるのだ
いじわるなお方だ…
私が「客」である以上——
子供とて簡単にすげなくしてはいけない…
商売は
相手の身になって考えることが重要なのだが…

お客さん
お金は
あるのかい？
まあ
無いこと
はない
国で一番
持ってるのは
アルカド様だ
だったら
話は
簡単さ
？
実はあなたが
銀貨もう一枚
で買えるもの
があるんだ
なんだ？
俺の足さ

銀貨一枚ごとに一月に一回、俺が王宮に尋ねて研磨《けんま》してあげるよ！
こう見えても俺は俊敏さが取り柄なんだ！
…ふ
ははははは自らの足を売るか！
!?
そうだな若いうちはそれぐらいで良い!! はっはっは!!
子供達よ…お前等はわしが持っていないものを持っている
そいつがあれば誰よりも一生懸命に働くことができて
将来今からは想像もできないほど出世し多くのものを手に入れ皆に喜ばれる
俺達が…持っているもの？
それはな

「夢」だ
その人は
剣を買い占め
困ったら自分を頼る
よう言い残した
その人物が
大富豪アルカドだと
知ったのは
少し後のことだった
アルカド!!
突然だね!
アルカドのお付きの人が
呼びに来てくれたよ
三日ぶりだな

あの講義は
街でも話題になってたよ
俺も黄金の七つ道具
を使って
今日は
そのことではない
!
見よ
ジャラ
ここに金貨の
入っている
袋がある
本当に入ってる
わけじゃないん
でしょ？
本当に
入っている
!!

お前はこれが欲しいか？
！
もちろん！
それだけあれば家族を助けられる
そうか
しかし、こちらにはもう一つ袋がある
!?
「知恵」が入っている袋だ
知恵
知恵…？

今日お前を呼び立てたのは他でもない
この質問をするためだ
…正直に答えてくれ
お前は金と知恵…どちらか一方を手に入られるとしたら
どちらを望む？
金と…知恵？
同じ質問をコッピにもした
どう答えたかは敢《あ》えては言わないがな
さあ
答えは？

必要なのは知恵だ
どうしてそう思う？
……
この前の講義で言ってたじゃないか
確かに金貨があれば目先の幸せは手に入るかもしれない
けどその先の安心までは買えない

お前は
それを証明できるか？
!?
…証明？
私はお前にそれを証明するチャンスを与えることができる
それには危険と厳しさが伴うがな
……
どういうこと？
お前には
旅に出てもらう

知恵が金より大事なら
この金貨と知恵を持ち
両方の袋を金貨で満たすまで
帰ってきてはいけない
知恵があれば金を増やせるそれが道理!!

……両方の袋を
金貨で満たす……？
そうだ
さらに知恵の袋は
金貨を全て
失うまで開けて
はならない
という
厳しい試練だ
この試練が
完遂できる
ならば、私は
お前に跡を
継いで欲しい
……一日やろう
試練をやるか
やらないか
ゆっくり
決断するといい

父さん
母さん
俺、アルカドと
話してきたんだ
アルカド様と…
いったい何を？

お金のこと
俺、いつか
お金持ちになって
二人を楽させて
あげたい
そのために
アルカドに修行を
与えてもらった
……
修行って
なによ
旅に出る！
…旅!?
与えられた金貨袋を
2倍にするまで
帰ってきちゃダメっ
ていう試練
そのための
旅だ

その試練を通じて金を稼ぐ力を身につけるんだ
帰ってきたらきっと二人を助けてあげられる！
行ってもいいだろ⁉
ダメに決まっているでしょう！
バンシル…あんたの手伝い無しじゃお店は回せない
現実を見なさい！未来のことは美しく見えるものよ！
……
ニノヤッ
ニノヤッ

キィン…
……
行かせてやれ
……
あなた…
シャッ
シャッ
シャッ
シャッ
バンシルは
子供の頃から
よく働いてくれた

バンシルは
俺たちになにかを
ねだることも
しなかった
これが
初めてだ
……
それほど
行きたいん
だろう？
ああ
なら
持ってけ
ずいっ
…これは
家宝の剣だ

母さん
……
頼む
……
……！
もう少し俺と一緒に辛い思いをしてくれないだろうか
……

仕方ないか…男の子だもんねあんたは
その代わり
！
せっかくお金を稼ぐんだから…半端なことをしたらただじゃおかないからね
困っている人たちを助けられるような大富豪になりなさい
……
きっと仏頂面の父さんも

かあさんには頭が上がらなかったんだろうな……
この煌《きら》めきでわかる
弱音吐いたら本当に殺すわよ！
父さんの武器の質はバビロン一なんだ
心強いよ
ありがとう行ってきます

アルカド様
バンシルが
来ました
!
アルカド…
一日もいらない
やるよ
やらせてくれ!

……!!
よかろう!!
ザッ
行ってくるよ
気をつけてな
バンシルよ…
気付いているか？

扉は
開かれたのだ
スッ
ニネヴェ…
先ずここに
向かおう!
栄えつつある街…
きっとチャンスが
あるはずだ

見えた…！
追い剥ぎに注意!!

まだもう
ちょっと
かかりそう
だな…
うわっ!!
!!

おっと すまんすまん
俺の馬が 力を持て 余してるようだ
ガイザ
背中の荷物… 向かうのは ニネヴェかい？
そ… そうだ！
それは ちょうど いいな ゴンビ！
そうだな！
俺たちも ちょうどニネヴェに 向かってるんだ
よかったら 一緒に 行かないか？
人数も増えた ほうが 安心だろ？
俺は ガイザ
こっちは ゴンビと ダバドってんだ
ダバド 水もって こい！

まぁこれでも飲めよ
たゆんっ
!
水!
遠慮すんなよな!
……
へへへ
仲良くやろうぜ
ブラックバソンもそう言ってる!
自慢の馬さ
ヒヒ…ン
ブラックバソン?

実は、ニネヴェには気に入らねぇ金持ちの男が一人いてよ
その男は、これまで一回も走り負けたことのない良馬を飼っているんだそうだ
さぞ自分の馬に自信があるみたいで
どんな勝負も受けて立つらしい
Welcome!!
その自信が狙い目!!俺たちの馬ブラックバソンが
その無敗伝説を叩き割ってやるのさ!
俺たちの馬は絶対に負けない…なんせ血統が違えんだ!
こいつに比べればニネヴェの馬なんてのはどれもロバみてえなもんだよ!

…勝つ確証はあるのかい？それ
自信がなければわざわざニネヴェまで出向いて来ねえさ
バンシル お前、良かったら一口乗らねえか!?
……
この男の言っていることが本当なら…
お金を一気に増やせる
いや…黄金の七つ道具四つ目「危険や天敵から金を堅守せよ」のこともあるし…
……

悪いけど
その話は乗れない
…
大きく損する
可能性だって
ある
俺を信用しない
つもりか!?
頭ごなしに
信用するほど
子供じゃない
そうかー
残念だな!
ま、いいか!
街で他の奴に
当たるよ
!
乗ってくる
奴はわんさか
いるだろうぜ
なんてったって
たってこんな
美味しい話
ないからな
!?
バンシルよ
考えても見ろ
金貨一枚を
稼ぐのに、
普通に働けば
どれだけかかる?
その間に
干からびて
死んじまう
ことになるぜ
確かに
地道に
やっていたら…
何年
かかるか…
!……

その点この勝負は俺たちの持ち金を二倍にも三倍にもしてくれるってもんだ!
二倍にも三倍にも…!?
そんなに戻し金は大きいのかい?
アルカドに二袋分の金貨を返してもお釣りがくるかもしれない…
そうすれば…
家族にもっと楽させてあげられる…!!
ああそうさ!!
それが博打の醍醐味《だいごみ》ってもんだ
一緒にニネヴェの金持ちの鼻をあかしてやろうぜ!!

ブヒヒン

ニネヴェだ

お前たちは何者だ？
グラハドさんの馬に勝負を挑みに来た
お前らか？俺と勝負しにきたってガキどもは？
さっそくやろうぜ!!
ついてきな！
ザリッ
……

ドン
ヒヒ
ン

ルールは簡単
俺がこの石を
かち割ったら
縄を外す
先にあっちの
ゴールに辿りついた
馬の持ち主が勝ちだ
…さて
遠路はるばる
やってきたんだ
その馬に、相当な
自信があるんだろ？
一体いくら
かけるんだ？
……
俺たちは

この金貨まるごと一袋分賭ける！
そうじゃなきゃ盛り上がらねぇぜ
ニィ…
勝ってくれ…！
いくぞ…用意…！
ドン!!!

ド

ボロ負けだったな
…絶対に負けるはずじゃなかったんだ！
畜生《ちくしょう》！
……
金貨をこっそり半分よけておいてよかった…
残りの金貨は二分の一袋
目標の二袋までは四倍…
4×(1/2)

……
もう…下手は打てないぞ
バンシル
！
俺達はここを発つ
この先どうするんだ？
決まってるだろうあいつにリベンジするんだよ
俺たちはとっておきの馬を国にもう一頭持ってるんだ
！
今度は絶対に負けねえ！

お前の分の金貨も絶対に取り返してやるからな！
待っててくれ！
何かお金を集めなきゃいけない事情があるんだろう？
…！
俺たちはお前を仲間だと思ってんだ
協力させてくれよ
じゃあな
…ありがとう
……

うまく いったな
ああ うまくいった
やっぱり ちょろいよな 初心者《ビギナー》は
さて、ブラックバソンを グラハドのやつに 返しに行きますか
分け前も貰わ なきゃならん

ダバド君は仲間と一緒に行かなくて良いのかい？
僕はあいつらの仲間なんかじゃない
まだ分からないのか？アンタ、あいつらに騙されたんだよ
騙された？

ニネヴェにやって来る
旅人がそこそこ
金を持っているのを
知っているか？
盛《さか》り始めたこの街で
一旗あげようとすんだよ
こいつ
みてえにな
うぅ…
命だけは…
命だけは
助けてくれ…
お前が俺たちの言うことを
聞くなら
悪いようにはしねえ
俺たちもあんまり
荒っぽいことは
したくねえんだわ
協力してくれるよな
ダバド君？

ニネヴェのお金持ちに事情を説明してお金を返してもらわなくちゃ…！
あの人もグルさ
そんな…
君…どういう事情かは知らないけれどお金が必要なんだろう？
僕なら協力してあげられるよ
…！

協力…？
どうやって
僕の実家は
バビロンにあるんだけど
とてもお金持ちなんだ
ニネヴェに
来た
理由はね
僕の父さんの
知り合いだった
ニネヴェの宝石屋が、
病気で亡くなって
しまったことなんだ
ワシの店を頼むよー
古い付き合いなんだ
お店をそのままに
しておくことも
できないだろう？
だから
そのお店を
引き継いで
立て直せ！
っていうのが
今回の僕の
旅の目的さ

でも持っていた金品は根こそぎ巻き上げられちゃった…
あんな奴らに捕まっていなければ絶対うまくいってたんだ！
……
それはなんというか御愁傷様…
あまり人のことは言えないんだけどな
だからさお金はいつかバビロンに戻った時に返せるから
商店を買い取るための頭金として君の金貨を貸して欲しいんだ
！

見えてたよ君が金貨袋の半分に保険をかけていたの
賢かったな君は！
条件として、もちろん君に得させる！
売上の7割を君に手渡すと誓うよ!!
……
…あいにくだけどそうやってお金を失ったばかりなんだ
違うよさっきの君は楽をしようとした
今回は店を切り盛りしなきゃいけないから苦労もする
その代わりお金を失う心配はない！
違うかい？
楽をしようとしたからお金を失った…？
……

お願いだ!!
俺のこんなていたらく親父に知られたら殺されちゃうよ!
めちゃくちゃ厳しい人なんだ
でなけりゃ一人息子に金だけ渡して旅に出したりするものか!
でも厳しさの裏には愛情が隠れてるものだよ
ああ、だからこそ君と店を成功させたいんじゃないか
……
お願いだ!もう君しか頼れないんだよ僕は
…わかったよ
こうして俺は二人で宝石店を引き継ぐことになった

ザァァァァァ
一か月後
すっ
気に入りましたか？
すごくお目が
高いです！
パィィ
……
！

……
!
これいくら?
ありがとう
ございました!
チャリン

どうだい
バンシル
調子は？
ダバド！
この商売の仕組みは
なんとなくわかったぞ！
鉱石商人から
なるべく安く
原石を買って
それを加工したものを
なるべく高く売る！
でも足元を見すぎると
誰も買ってくれなく
なるから……って
高
なるべく
安
俺は探り探り
やってみてるけど
君はこの仕事に
ついてどれくらい
のことを知って
いるんだい？
知らないよ
何も

…そろそろ
バンシルには言って
おかなきゃならないな
？
僕はね
別に…
自分の商売を
成功させたい
わけじゃないんだ
…は？
厳しいんだよ
あいつ！
僕が商品の
パンをつまみ食い
したらボコボコ
にされた
独立して一人で
店を切り盛りするっ
て言ってようやく
許してもらえたんだよ
つまり親父から
逃げたかった
だけなんだ
……
分かった…
それならそれで
いいよ
でもこれからの
ことはちゃんと考え
ないと破産しちゃうのは
目に見えてるだろ？

……別に
お金を稼ぎたいのは君だろ？
だったら君が頑張ればいいだろ
あ
七割は君のものにしてるんだから文句は言わせないよ
スッ
ガコッ

三割もらっていくから
チャリ
……そんな
お先!
のっし
のっ
スッ
……
もしかしたら……

ダバドは働かずに
お金を手に入れている…
キンキィン
彼も
黄金の七つ道具を
使っているの
だろうか…
オィン
いや…あれは単に
怠惰《たいだ》なだけだ…！
ぐご――
生活水準もギリギリ…
…ふう
楽はしない…
俺は
俺が頑張ら
なきゃ…！

キラッ
よしっ！
なかなかの出来じゃないかバンシル君
！
ネバッさん！
最初に君が「商談相手になってくれ」と押しかけてきたときはどうなることかと思ったが
鉱石採集屋
ネバッ
少しずつ軌道に乗ってきたみたいじゃないか？
おかげさまで……！

ほら
約束の品だよ
!
ありがとう
ございます!
ドンッ
いい原石だ…
ツヤがあります
それはよかった
君の商売が
上手くいくことを
祈ってるよ
…ありがとう
ございます
そろそろ
明日に向けて
寝とかなくちゃな
……

バンシル君
こう言うのも
なんだが…
…そうもいかな
いんです、ここは
彼のお店なので
君の相棒は
何もしていない
ように見える
縁を切った
ほうがいいの
ではないか？
………………
私の商売仲間が夜の街で
散財する君の相棒を
見たと言っていた
…まさか
彼にはそんな
お金ありませんよ

……確認してみたほうがいい
…………
カパッ

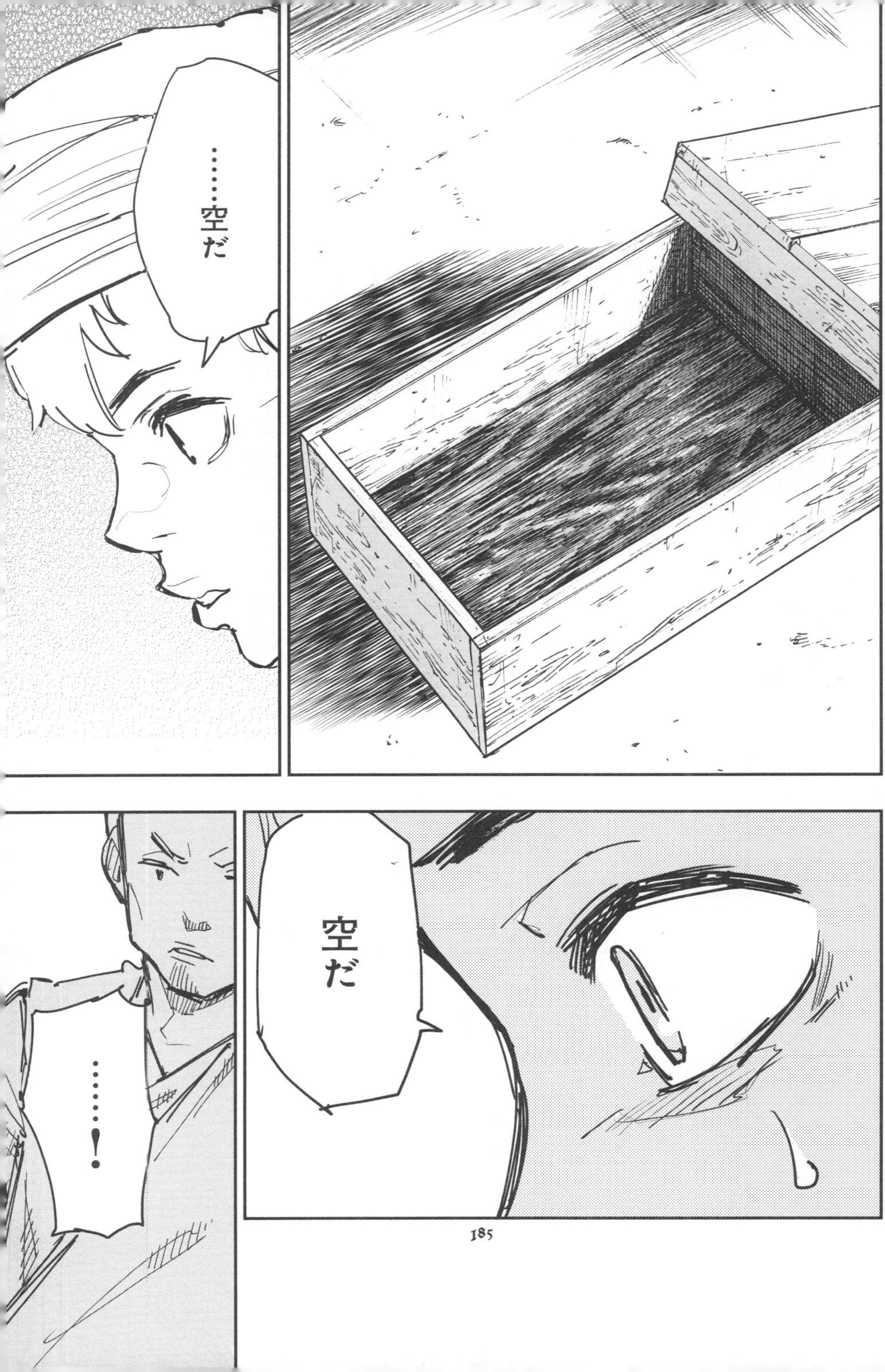
……空だ
空だ
……！

ダバド！
起きてくれ
うぅん
ムニャ
なんだよ バンシル 揺らすな
むく…
なんだよ 君に僕を起こす 権利なんて 無いだろ
金貨箱が 空なんだ！
……
俺の 全財産が…！
僕は 知らないなぁ
プイッ

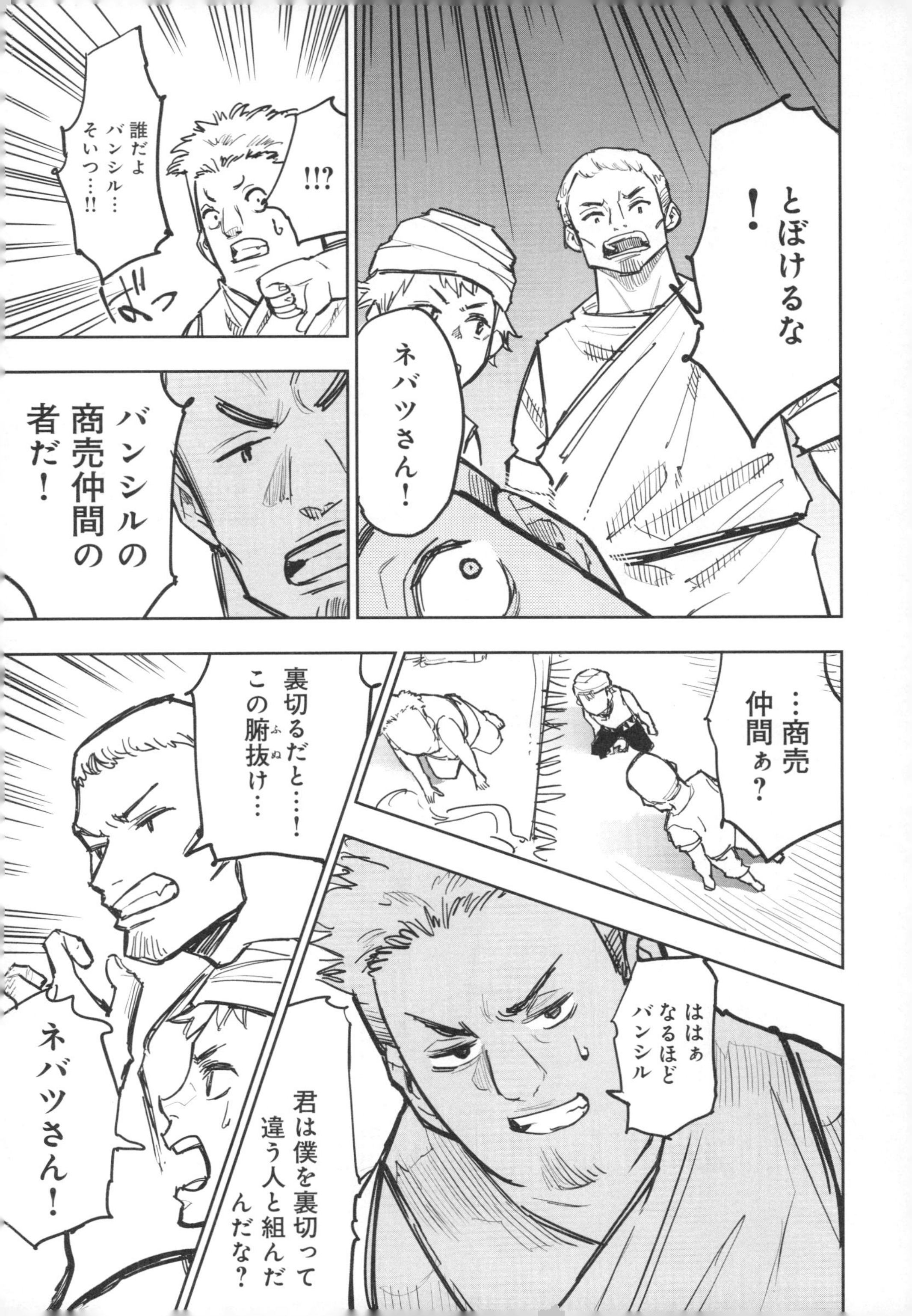
とぼけるな！
ネバツさん！
!!?
誰だよ バンシル… そいつ…!!
ばっ
バンシルの商売仲間の者だ！
…商売仲間ぁ？
裏切るだと…！ この腑抜《ふぬ》け…
ははぁ なるほど バンシル
君は僕を裏切って違う人と組んだんだな？
ネバツさん！

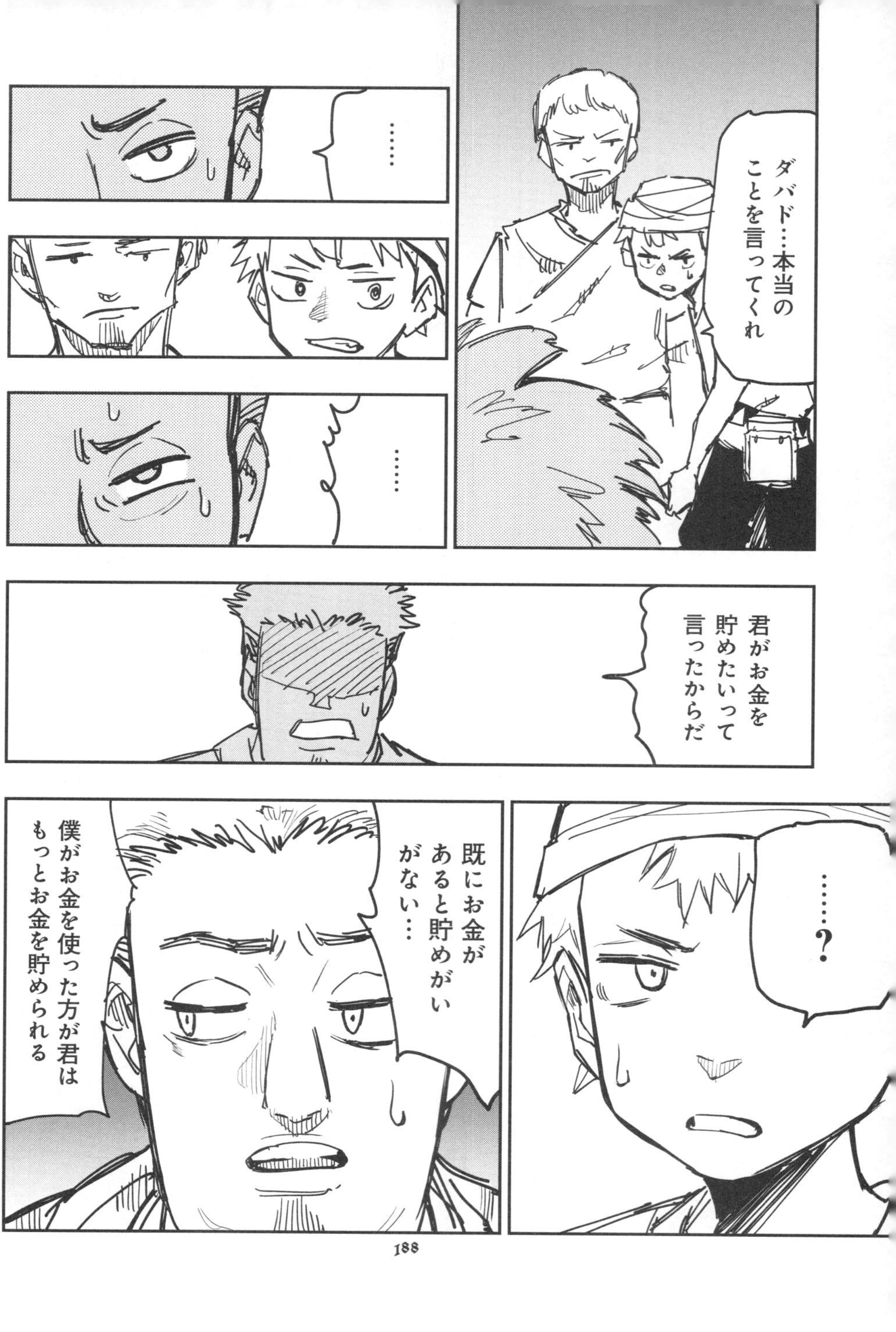
ダバド…本当のことを言ってくれ
……
……
君がお金を貯めたいって言ったからだ
……？
既にお金があると貯めがいがない…
僕がお金を使った方が君はもっとお金を貯められる

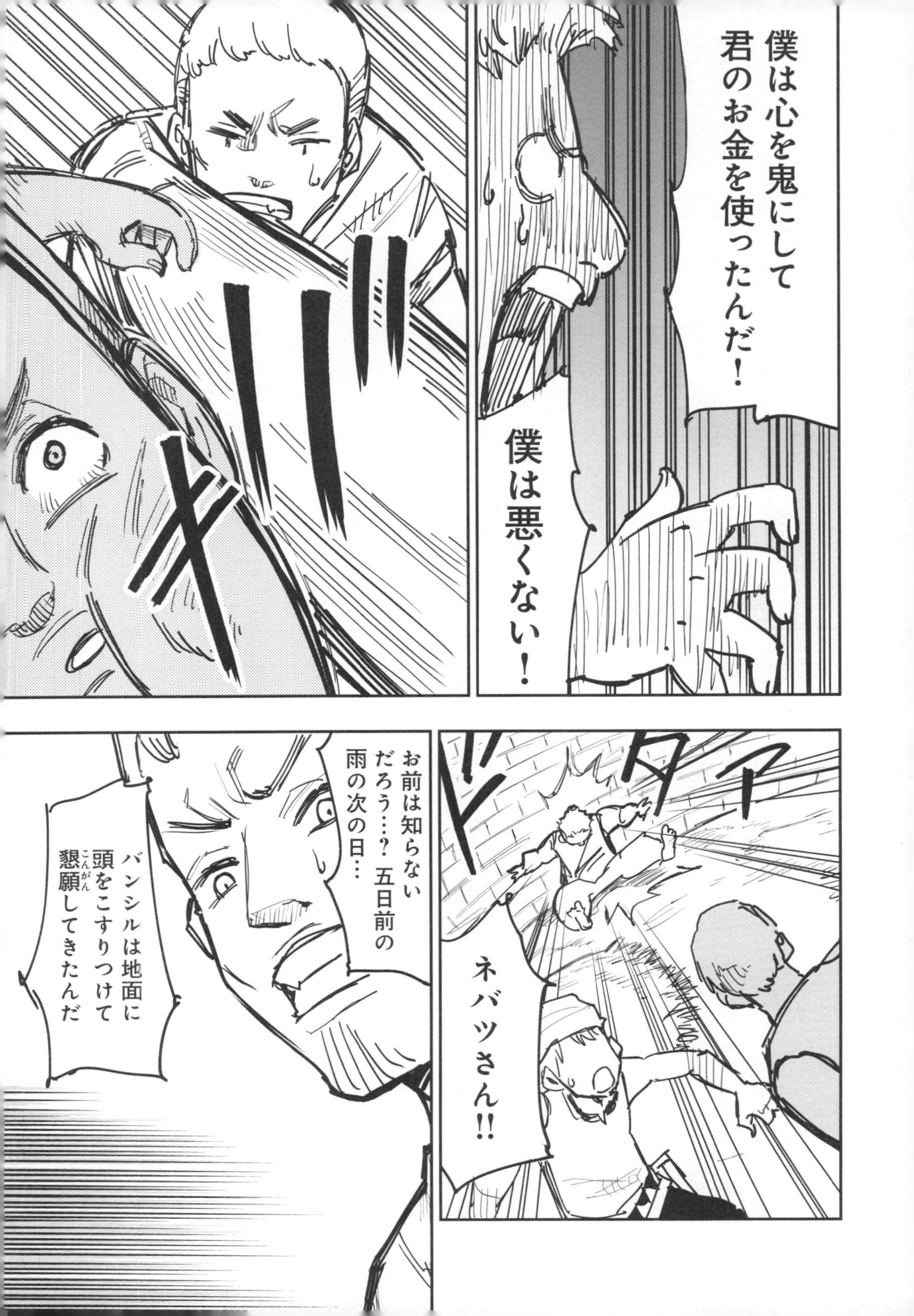
僕は心を鬼にして君のお金を使ったんだ！
僕は悪くない！
ドタァ
ネバツさん!!
お前は知らないだろう…？ 五日前の雨の次の日…
バンシルは地面に頭をこすりつけて懇願《こんがん》してきたんだ

お願いします！
元手ならあります…俺に鉱石を売ってください！
……しかしなあ
こう突然来られても…
お願いします…

……
なんで君はそこまでするんだ？
家族と約束したんだ
？
俺は必ず
大富豪に
なるって！

持って行きな
!!
代金はつけでいい

……ありがとうございます!!
君とはもうやっていけない
待ってくれよバンシル！
もっともっと稼げるぞ！なんなら…
そうだバビロンの父に頼んで金貨を送ってもらおう！

…君の父親はきびしい人なんだろ？
無人島で生きようとする〝奴隷〟に
その日の魚を分け与えても意味がない
…待ってくれ悪かったよ
……
俺は君が望むほどには…
優しくなれない
……バンシル

すみません
ネバッさん
鉱石の支払いは
必ずしますので
あ…ああ
それはいいが
バンシル君…
……
すみません
少し…
一人に
してもらっても
いいですか？
……
わかった
困ったら
いつでも頼って
きてくれ
…ありがとう
ございます

てんっ
！
じーっ
ぎゅるるる…
……
……
ぐっ…

たたた
本当に…
無一文になってしまった
試練を通じて金を稼ぐ力を身につけるんだ
一度くらいやらせてあげたい
もう少し一緒に大変な思いしてくれ
大富豪になりなさい

ドン
っ

ドシャァァァ
スッ

……大丈夫？
…死んだ？
これ落としたよ
すっ
あ生きてた！
がしっ
……
……知恵の袋……
知恵の袋は金貨を全て失うまで開けてはならない
むく…

粘土板……
……
どうしたの？
……

この粘土板の意味が理解できるまで
少し時間がかかるかもしれない
何故なら
この粘土板に刻まれた
五つの〝法則〟は
先の〝七つの道具〟を
さらに昇華させた
「真理」であるからだ

金を失い
飢餓に苦しむ今だからこそ
この粘土版の意味は、
バビロニアの植物が
大地の水を吸い込むように
身体に染み渡るだろう
では記そう、
その法則を――

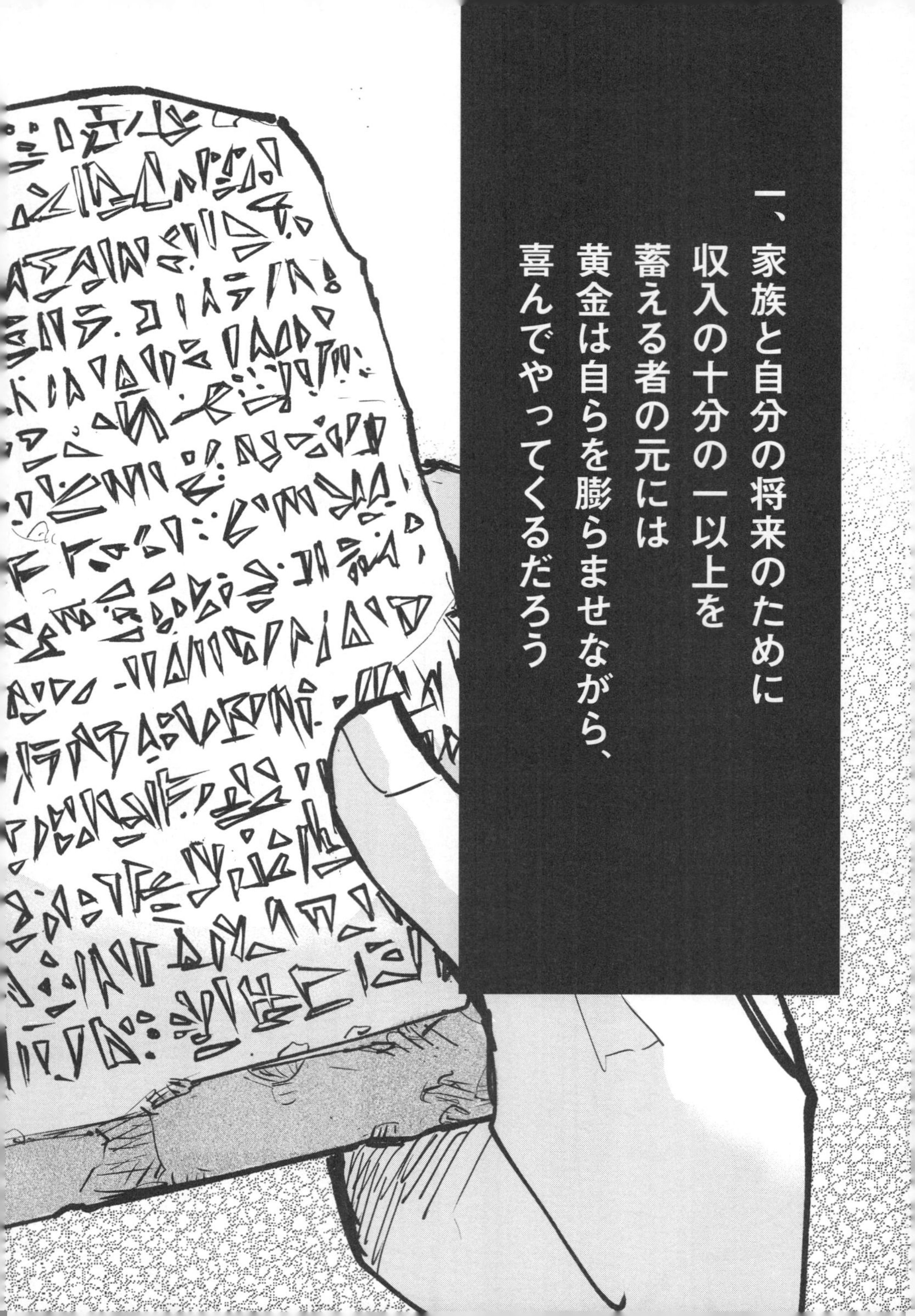
一、家族と自分の将来のために
収入の十分の一以上を
蓄える者の元には
黄金は自らを膨らませながら、
喜んでやってくるだろう

二、黄金に稼げる勤め先を
見つけてやり、
持ち主が群れを膨大に増やす
羊飼いのように賢明ならば、
黄金は懸命に働くことだろう

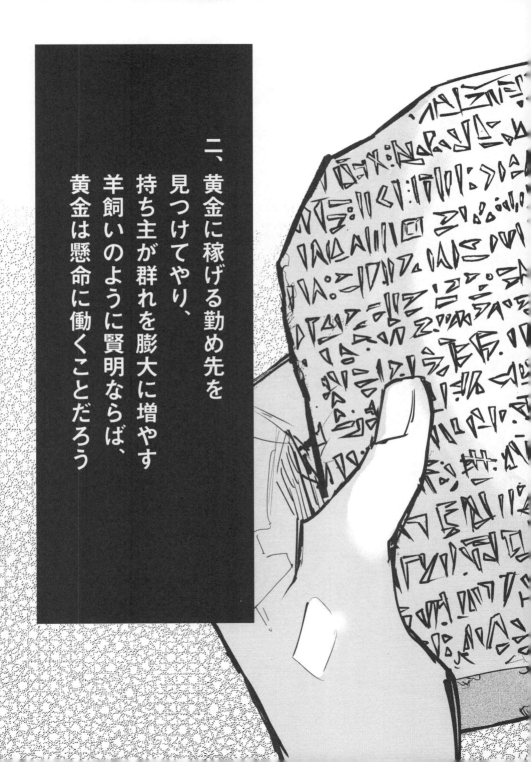

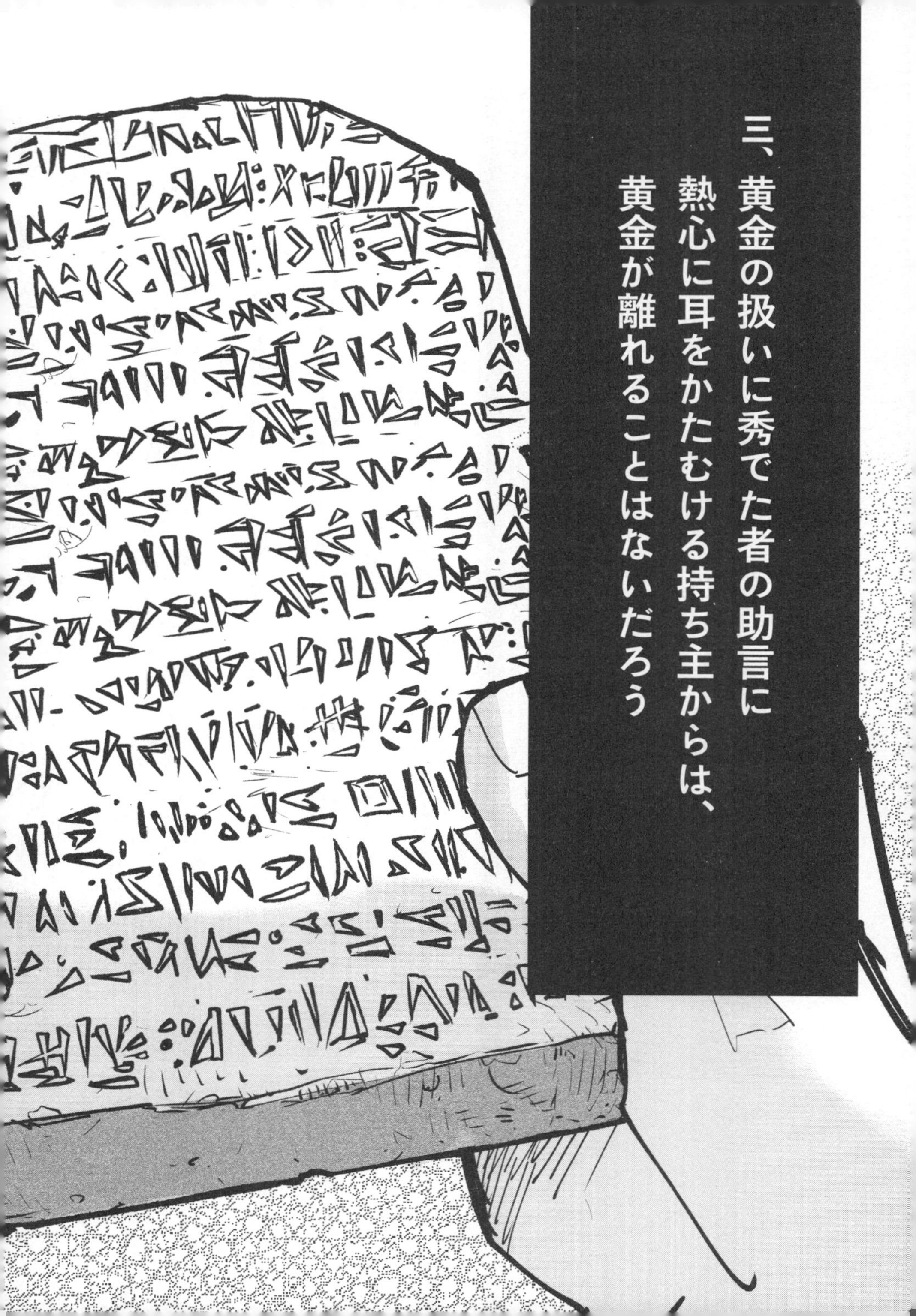
三、黄金の扱いに秀でた者の助言に
熱心に耳をかたむける持ち主からは、
黄金が離れることはないだろう

四、自分が理解していない商《あきな》い、あるいは、
黄金の防衛に秀でた者が否定する商いに
投資をしてしまう持ち主からは
黄金は離れていくだろう

五、非現実的な利益を出そうとしたり
謀略家《ぼうりゃくか》の甘い誘惑の言葉にのったり
己の未熟な経験を盲信したりする者からは
黄金は逃げることになるだろう

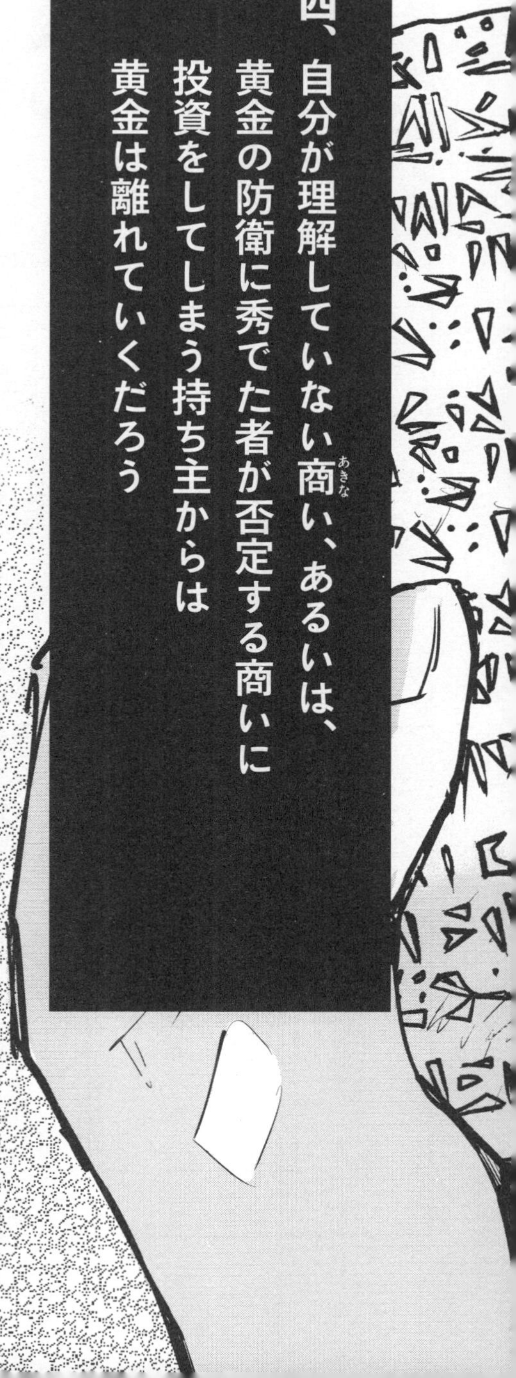

……
黄金法則
その五…
非現実的な利益を出そうとしたり
謀略家の甘い誘惑の言葉にのったり
己の未熟な経験を盲信したりする者
からは黄金は逃げることになるだろう
――早く試練を
終わらせたいと思い、
俺は手軽な手段で
金貨を二倍にしようとした…
黄金法則
その四…
自分が理解していない商い、
あるいは、黄金の防御に秀でた者が
否定する商いに
投資してしまう持ち主からは
黄金は離れていくだろう
金貨を使うことしか
頭にない人間と一緒に
自分がよく知りもしない
商売を始めてしまった

大丈夫？
…うん ありがとう
！ あはは 泣いてるの君！
コケただけじゃん
うん 大丈夫
いっそ 守るものは なくなった…
……
笑われようと 構わない
ここからだ…！
必ず大富豪に なってやる！

〈「お金」と「幸せ」を生み出す　五つの黄金法則〉

1
法則

家族と自分の将来のために
収入の十分の一以上を蓄える者の元には
黄金は自らを膨らませながら、
喜んでやってくるだろう

2
法則

黄金に稼げる勤め先を見つけてやり
持ち主が群れを膨大に増やす
羊飼いのように賢明ならば
黄金は懸命に働くことだろう

法則 3

黄金の扱いに秀でた者の助言に
熱心に耳をかたむける持ち主からは、
黄金が離れることはないだろう

法則 4

自分が理解していない商い、あるいは、
黄金の防衛に秀でた者が否定する商いに
投資してしまう持ち主からは
黄金は離れていくだろう

法則 5

非現実的な利益を出そうとしたり
謀略家の甘い誘惑の言葉にのったり
己の未熟な経験を盲信したりする者からは
黄金は逃げることになるだろう

第四章 帰還

——賢者の助言によって、
貯金が懸命に働きだす

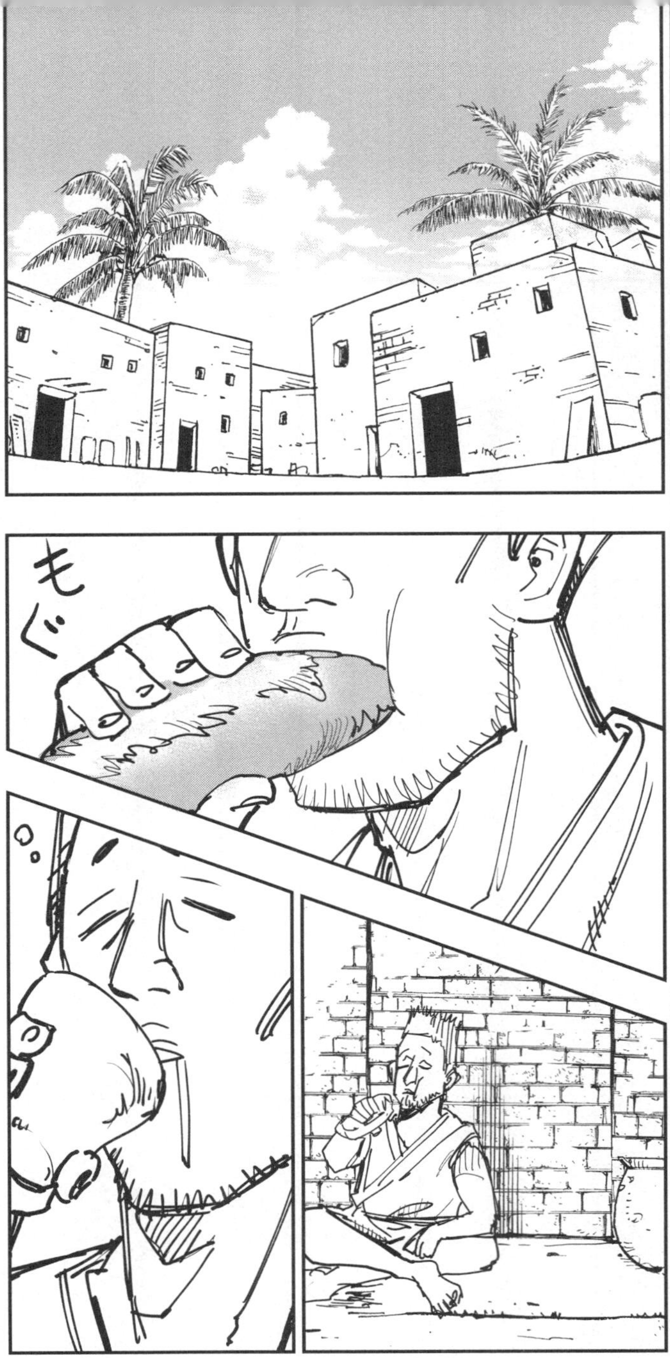
もぐ

…ふむ
威厳はあったほうがいいだろう
きゅっ
…作業員たちを監督する仕事と言っても楽ではないものだな…
ユンシア…

俺はまだ
お前と約束した
夢を諦めては
いないぞ
天国から
見ていてくれ
なんで壁を強化してるか知ってるか？
知らん
アッシリア人に備えてるんだそうだ
近々攻め入ってくるやもしれんとの噂だ
まじかよ！
おい！黙ってやらないとどやされるぞ

さあ、テキパキ動け！夕方までに終わらんぞ！
…！
頑張れもう少しだぞ!!
あれは一年前に入ってきたバンシル…
作業員ではない監督の立場ながら
作業員と一緒になって汗を流しているとは…

バンシル
ドボロフさん！
ごめん、先行っててくれ
わかりました
君はその若さで倹約家なんだって？稼いだ金は使わないで貯めているらしいじゃないか
しかもその貯金をそのまま寝かせているんだろう？
…最低でも収入の１割は貯金に回すようにしています！

ここ一年バンシルを見ていたが
とても誠実な青年だということが分かった
周囲を気遣う器量もある…
蓄えもしている
信頼できる
?
…この青年になら話してもいいかもしれないな
とてもいい話があるんだ
いい話と言っても商売の話だが…
!

この外壁の工事は
予定ではあと一年以内に終わる
……？

その後は敵軍から都を守るために
大きな青銅門を造るだけなんだが
バビロニア中の青銅をかき集めても門を造るのには足りないのに
王はそれについてはあまり気にされていない
ペンディング
……
そこで・・・私たちはこんな計画を立てた
…私たち？

ああ私たちはすでに
バビロニア中から
出資してくれるメンバー
を集めてある
member
その資金を使って
銅の採れる土地に
キャラバンを送る
銅を手に入れたら
門を造るために前もって
ここに持ってくる
Go back to Babylonia.
さあ、
王様が門を造る
段になって
得をするのは
誰だい？
!

…青銅を提供できるのは
自分たちだけ…
……
黄金の法則
その三…
黄金の扱いに秀でた者の助言に
熱心に耳をかたむける持ち主からは、
黄金が離れることはないだろう
そう
もし王様が
その青銅を買わなかったらどうするんですか？
的確な
質問だな
この商売の
最大のメリットは
保険が効くことだ
？

もし王様が青銅を買わなくても
王様が買わなくても買いたい！
その青銅は他の者が適正な価格で買ってくれる
なるほど
王様が買わなくてもいいように二段構えをしてる…！
とてもいい計画だと思います…
でも…
！
僕は以前事業に失敗して全財産を失ったことがあります
だから正直怖いんです

……
…
恐怖を感じるのは君が修羅場をくぐり抜けてきた証拠だ
恐怖があるから慎重になり正確な投資ができる
それでいいんだよ
私は君という資本を買いたい…どうだ？
……
黄金の七つ道具の…七番目
自分こそが
資本！

君は今日から私たちの仲間だ！
すっ
…すみません そのお話…断らせていただきます
！
その上でこちらからお願いします
僕も事業の計画段階から参加させていただけませんか
少しでもその計画が成功するように僕にも協力させてください
こう見えても鉱石商の知り合いがいます！
それでこそ男子だバンシル！

次の仕事
頼みたい

俺はこのチームに加わり
別の事業にも協力する
ことになった
あまり利益を
生まなかったり
回収できる
可能性が低い
危険な投資は
避ける…
それがチームの
やり方だった
¥

そして
メンバーが提案する
投資計画に欠点があれば
必ず指摘し合う
¥
¥ ¥
!!
その結果――

見てるか…
ユジシア

金は十分に貯まり
旅の目的は達成した
ぐごー
すぴー
すっ
お別れを言うのは寂しいからな…

オオオオ…
ザッ

帰ってきたぞ！
ドーン
バビロン

ただいま
バンシル!!
ダッ
あなた!
バンシルよ、
バンシルが
帰ってきた
…そうか

あんた大きくなったんじゃない!? それより、怪我はなかった？
ゆっくりおやすみ！
うん、でもその前にアルカドの所に行ってくる
ギィ…
ただいま父さん！
……
もう！

よくぞ戻ってきたな…バンシルよ
三年…か

さて
話を聞こうか

俺は
あの後、まず
新しい仕事を
始めるために
ニネヴェに向かっ
たんだ
ニネヴェ…
帝国アッシリア
の都か
バンシルは
語った
三年間の
旅で失ったもの
そして得たものを…
……
なるほどな

この旅を通じて俺はわかったんだ
世の中の人はほとんど…アルカドのような大富豪にはなれないと諦めている
けれど
知恵を持ち、その通りに行動すれば
誰だって
金持ちになれる

こんな俺でも沢山のお金を手に入れることができたんだから！
……
約束通り
ここに貰った分の〝二倍〟の金貨がある
受け取ってくれ
俺にとっていい修行になったよ ありがとう アルカド
…ふっ そうか…

そして
これは貰った
〝知恵〟に対する対価だ！

俺はもらった金貨の三倍以上稼ぐことができた
これは知恵が金貨の二倍以上の価値を持っていたということの
wisdom
gold
証明だ
……
くっくっく
はっはっは！
ガタ
面白い！
つくづく面白い逸材だお前はバンシル!!

ここまで成長して帰ってくるとはな!
ニッ
その金は要らん!家族に分けてやれ
!
1
私が欲しいのはただ一つ
お前のイエスだ

私と共にこのバビロニアの発展に協力して欲しい
！
弟子ではなく
年々増え続けるバビロニアの富を共に支えていく
同志としてな
バンシルが
バビロンの大富豪に認められた瞬間であった——

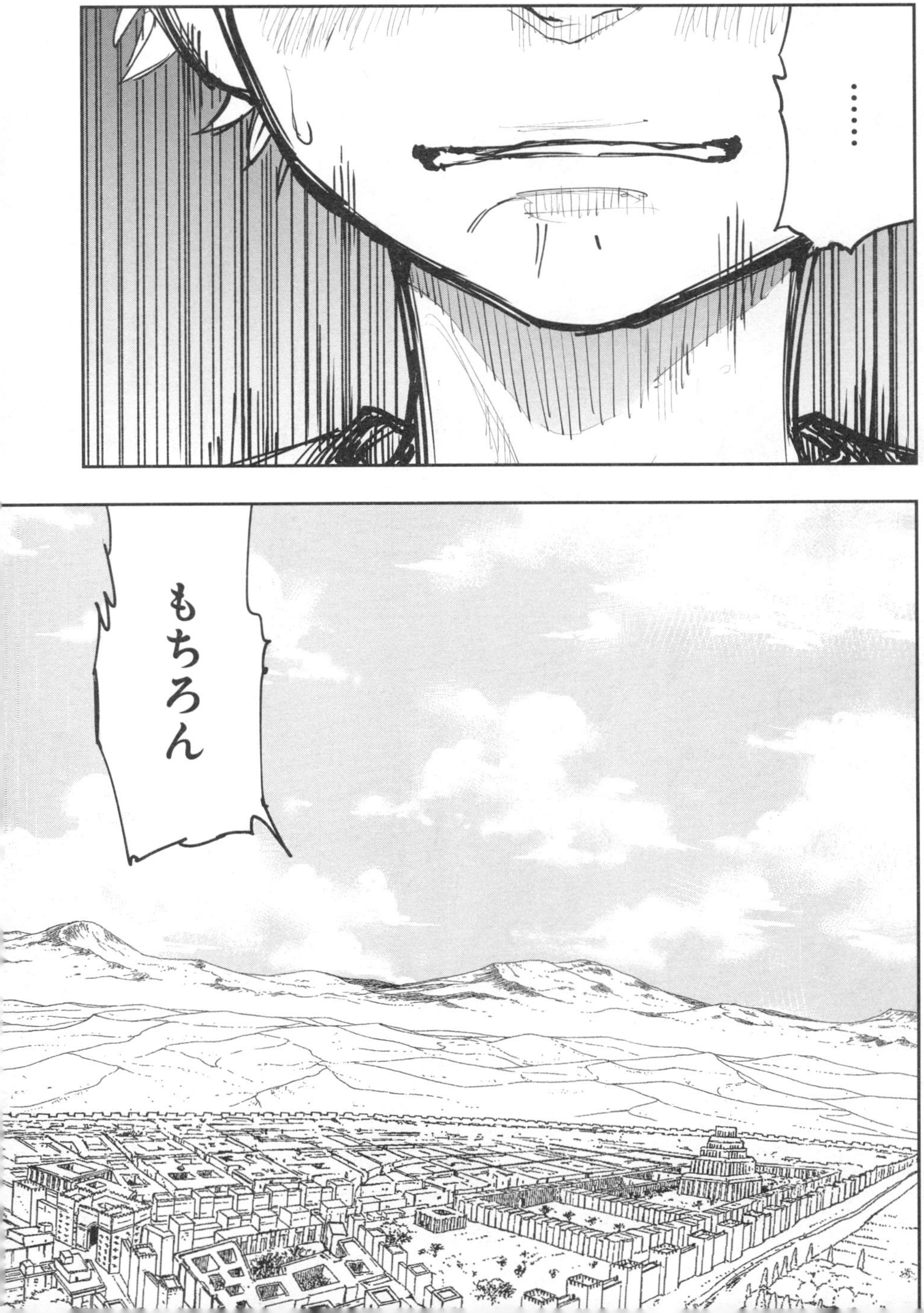
……
もちろん

その頃
北方の地より夥《おびただ》しい数の騎兵が

轟音を立てながら
バビロンを
目指していた

コラム『バビロン 大富豪の教え』を現代に応用する

3 私たちは何に投資をするべきか

アルカドは黄金法則の中で「収入の十分の一を貯蓄し、金が自ら働く投資先を見つけてやれ」と教えてくれました。同時に「危険な商いには手を出すな」とも言っております。

では、現代において「賢明な投資先」とは、いったい何でしょうか？　考えてみたいと思います。

——近年、グーグルやアマゾン、などテクノロジーによって支えられているグローバル企業の登場により、短期間で私たちの生活は大きく変わりました。

グーグルは便利なアプリケーションや検索サービスを無料で提供し、わからないことがあれば何でも教えてくれます。また、欲しいものがあれば、アマゾンのサイトにアクセスし、商品画像をクリックすれば家に届けてくれます。いつの間にか私たちの生活になくてはならないものになりました。

これらの企業は、我々に少しでも安くて便利なサービスを提供するために、得られた利益はあらたな分野へと投資をし、さらなる便利な社会を目指します。（アマゾンの企業理念は「地球上で最もお客様を大切にする企業」）

さらに、人種や年齢、宗教に関係なく世界中から超優秀な人材を集め、単純労働は極めて人件費の安い地域に外注し、可能な限り人間の仕事を機械に置き換えていきます。その結果、中流階級の人たちは、仕事がなくなり下流へと転落していくのです。

つまり、このような貪欲な（グリーディー）グローバル企業が、安くて便利なサービスを我々のために提供していくと、**資本家と労働者の間で格差はますます大きくなっていく**ということです。

その流れを止めようと、ドナルド・トランプが米国の大統領に就任し、保護主義を敷いて自国に有利になるような政策を進めています。自国の利益を優先して、グローバル化の波を止めようとしているのです。

しかしながら、人間は元来「安いもの」「便利なもの」から逃げられません。

インターネットがない時代のほうがよかったからといって、インターネットを廃止してしまったら、社会は麻痺してしまいます。人間が便利で安いものを求めてしまう脳の構造をしている以上、人類は後戻りができないのです。

おそらく今後も、国境がなくなっていき、仕事は単純化され、機械や人工知能に置き換わっていき、仕事が少しずつなくなっていくことは避けられないでしょう。

二、黄金に稼げる勤め先を見つけてやり、持ち主が群れを膨大に増やす羊飼いのように賢明ならば、黄金は懸命に働くことだろう

実際、こうしている今も世界は格差が拡大する方向に動いていて、NGOのオックスファムによれば、**世界で最も裕福な8人が保有する資産は、世界の人口のうち経済的に恵まれない下から約36億人が保有する資産とほぼ同じ**だったという報告が2017年にありました（図1）。

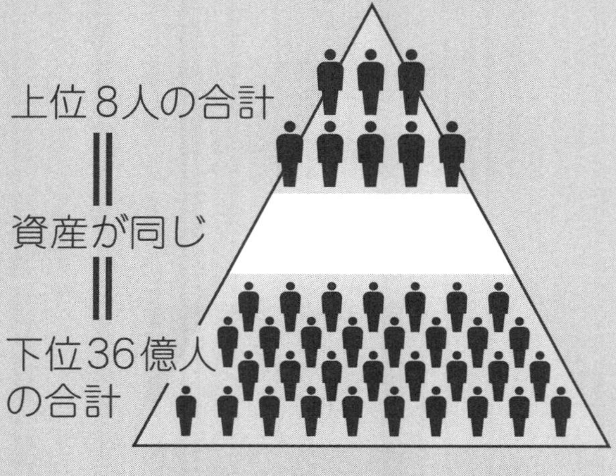

（図1）格差の二極化と階層構造

さきほどとりあげたグーグルやアマゾンなどのグローバル企業について論じた『the four GAFA 四騎士が創り変えた世界』（東洋経済新聞社）には

「超優秀な人間にとっては最高の時代だ。しかし平凡な人間にとっては最悪である」

とあります。

では、アマゾンのジェフ・ベゾスやフェイスブックのマーク・ザッカーバーグのような才能を持ち合わせていない我々のような一般庶民は、資本家たちに富を搾取される運命から逃がれられないのでしょうか。

どうやらそれは違うようです。

現代においては、だれでも簡単に資本家になる方法があるからです。それは極めて優秀で貪欲な彼らに投資することです。314ページに続きます。

第五章 ザ・ウォール

「守るべきもの」がある
から人は何度でも立ち
上がれる

……
ここでこうしているのも暇なもんだなあ
愚痴るなよ…いいじゃないかそれだけ平穏ということだ
それにしたって刺激が無い…
適度な刺激はやりがいを生み出してくれる

…刺激ねぇ
いっそどこかの軍隊が大群で攻めてくれば刺激になるかもな
そうなったら一番初めに逃げるのはたぶんお前だ
！おい、あれ！
ん？
ドドドドド
…まさか
ド

ドドドドドドド
ウ…ウソだろ

言ったことが本当に…
早く城壁の味方に知らせないと！
ズズ
ブオ
柱が…！
ドカ
うわああああああ
!?

脆《もろ》いなあ
バビロニアよ…
うぅ…
ひ…なんだ
お前は!
何しに
来やがった!
お…お前ら
なんかに
バビロンの
城壁は…
越えられ…
城壁を越える
策はある
ボタ
ボタ

俺達はアッシリアの者だ
国盗《くにと》りに来た

ウオオオ
オオオ
迎え撃て!!
ヴァアアア
大丈夫だ!
この壁がある限り、
奴らは我々に
指一本触れることは
できない!
弓、
投擲槍《とうてきやり》を用いて
奴らの軍隊に
打撃を与えよ!

……硬え！
ダルド様！
見ての通り城壁に阻まれて奴らに我々の刃が届きません！
見ての通りわかっている
ならば……！
大丈夫だ
手は打ってある

アッシリアの兵たちが攻めてきた⁉
バビロニア王宮
味方の兵士も数名負傷した模様です！
バビロニアの威厳にかけて撃退するぞ
街の民には慌てず、いつも通り生活するよう伝えよ
はっ！
まだ動いていない隊はいかがいたしましょう⁉
アルカドはどう考える？
バビロニア国王
待機です
アルカド！
何を言っているんですか
今こそやつらを潰すために城壁外へ向かわせましょう！
いや…
駄目だ
城壁を越えてくる者に備える
なぜだ⁉
正気ですかアルカド⁉
ガタッ

敵の殲滅《せんめつ》に全勢力を注ぐべきです！
余力を残すべきなど…
マルバ！
アルカドの判断が一度でも間違った事があったか？
！……
此奴《こやつ》はこの国を背負って立つ男なのだ
アルカドを信じよう
……
…バビロニアの力を近隣諸国に見せつける
絶好の機会なのに…！
あんな高い城壁越えられるのは
とんびか…はたまた土竜《もぐら》くらいのものでしょうな

ボコッ
ぶはっ
ぶはっ
ボコッ
ざっと30人くらいは侵入したか？
地面を掘って抜け入る作戦はひとまず功を奏したな

さて…
目指すは城門だ
ひ!
ワーワー
だ…誰…!?
女か…

そこからさらに西方約1キロ地点
ザッ
スッ

ジャボ
…よし！
ワァァァァァー
……！
向こうが大変なことに…応援に行った方がいいか…!?
嫌だよ…俺、行きたくないよ…！

俺たちはただの見張り役だろ!?
とにかく指示が出るのを待とう…
ど…ドルバコ…!
…
な…なんだお前…!

ドゴォ
ドッ
向かうは城壁…
城壁内に降りて正門を解錠すれば
門
現在地
奴等の屈強な壁も意味をなさない

国王様!!
!?
どうした!?
会議中だぞ
報告致します…!
たった
今
少数の
敵が…
城壁の
内側に
侵入!
!?
待機していた
兵を向かわせる
のだ!!
はい!

とんびも
土竜も居た
ようだな…
……
バカな…
しかし…
城壁が突破された
…だと?
奴ら一体
どうやって
……城壁が突破
されることを読んで
いたのですか?
いや
城壁が
「突破されない
ことを読んでいた」
…
敢えて少数で
城壁を突破したと
いうことは
奴らが正面からは
壁を崩せなかった証拠

奴らの打つ手は限られている
あとは…
冷静に詰めていくだけだ
焦りは禁物だ
はい……
ガタッ
場所は？
正門から西へ５キロ……
どうしました？

バンシルの家がある方だ
よし
ぱしっ
やっぱり質が良い切れ味、耐久性
今、王宮の兵士が使っている剣はほとんどがうちで作ったやつだし
今回もなかなか利益が出たな…
武器づくりも投資も順調だし…この国はますます発展するだろう
!?

…何だ？
わぁぁ
逃げろバンシル！
ばっ
母さん…父さん!?
敵兵が攻め込んできたんだ！
！
剣なんていい！早くするんだ！
…！
先に広場にいるぞ!!
わかった！

いやああああぁ
!
ダッ
!
なっ

敵…!?
女性…!
父さん、母さん…
…!

あなた…
バンシルが後ろから来てないわ
なんだって⁉
⁉
ここから先は行き止まりだ…
皆殺しにしろとの任務だったが…
金貨千枚で通してやろうか…？
通行料が払えねえなら
行き先はあの世だ
ザッ

急げ!!
急ぐのだ!
ドドドド
いつも冷静なアルカドがあんなに慌てている…
バンシルとは一体何者だ!?

ドドドド
……
ドドド
ドド
なんという
不吉な雲の形だ…

…助けて……！
くっはっはっは安心しろ
頭蓋骨を砕くのは一瞬だ
きゃあああぁ
バビロニアと共に
死ねい

!
なんだお前は
俺の名はバンシル…
バビロンの大富豪に認められた者だ
……?
……?

なぜこの国を攻める…?
決まってるだろ バビロンにある 金銀財宝を
すべて いただくためさ
……お前は まだ知らないかも しれないけれど
「金貨を得ても… それを生み出せないのなら 一文なしと同じ」なんだ
!? 何を言ってやがる
本当に大事なのは お金じゃない それを生み出せる「知恵」だ
……

ばん
あんたが敵なのを承知で
敢《あ》えて言う
バビロニアの属国《ぞっこく》となれ
ワーワー
……
ワー
貴様…俺のことを…
きゃああ
バカにしているのか!
ダンッ

つ!?
俺は武器職人
武器の扱いなら……
シャキッ

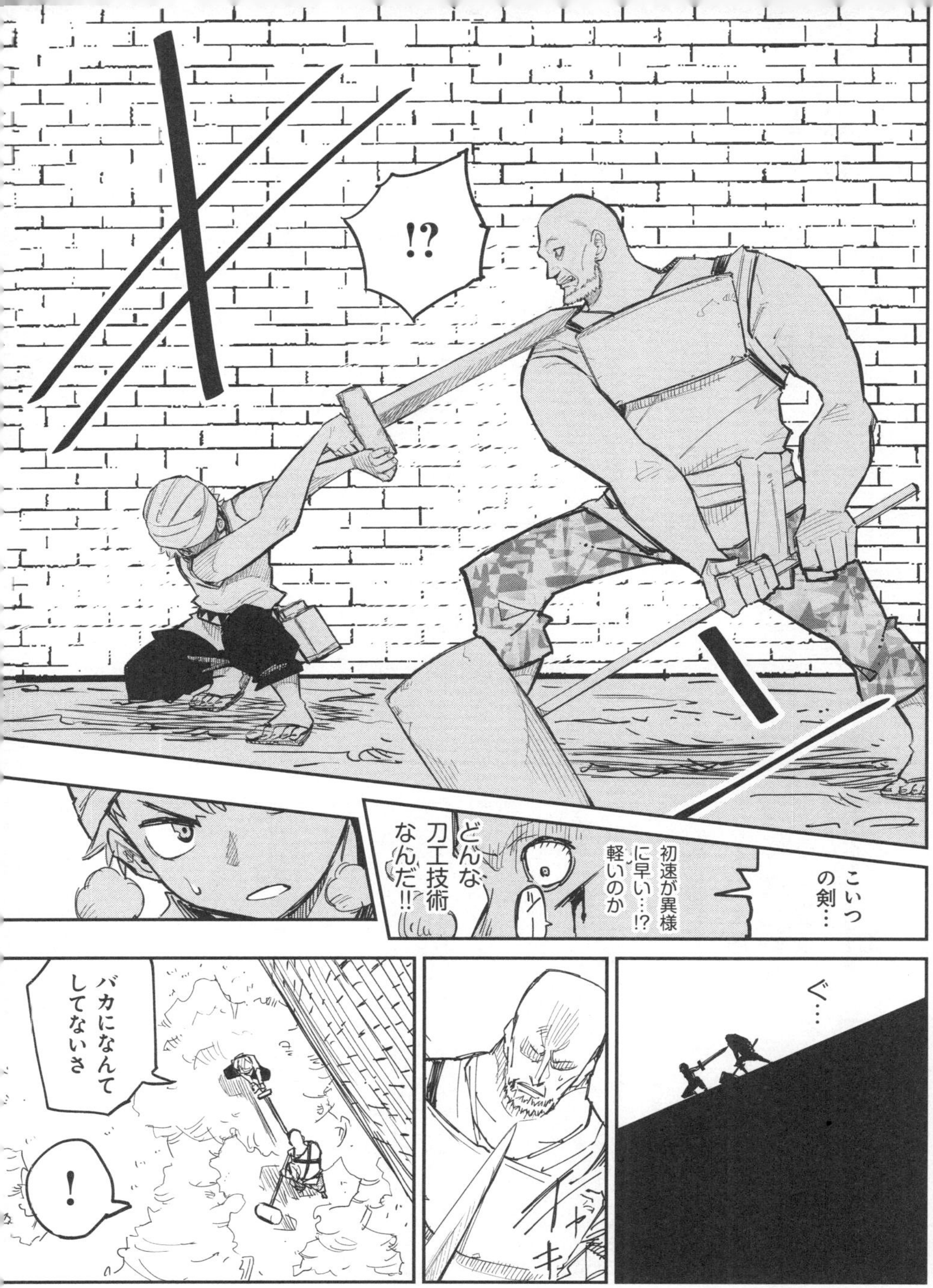
!?
こいつの剣…
初速が異様に早い…!?
軽いのか
どんな刀工技術なんだ!!
ぐ…
バカになんてしてないさ
!

バビロンの「黄金の法則」を教えてやる!
そうすればお前達も…
富を得られる!
黄金の…法則?
そうだ
富を産む普遍的な方法…
それさえあれば国が栄え、争いも収まる…!
キラ…

……そんな方法があれば俺たちも戦争なんて仕掛けずに済んだかもな
……
お前たちは魚の釣り方を学ぼうとせず
隣の人間から魚を奪うことばかり考えている…
そんなんじゃいつまでたっても満たされることはないんだ
人間の欲望にはキリがない
……
確かに…そうかもしれないな
俺たちアッシリアの国にはまだ足りない部分があるのかもしれない…
しかしこれだけは言っておかなければなるまい
自分の身も守れないような奴に学ぶことなど
何もないと

なっ……!!

アル・・・
カド・・・

うおおおおおおおおおおおお
ダン
ドズ

ズバ
たたた…
隊長と副隊長が
いっぺんに…
ドイ
ば…
馬鹿な…!
ンシャア

アルカド!
タッ
ドシュ

……!
う…
アルカド……!

だ…
大丈夫か!?
ザク　ザク
蠍《さそり》の毒か…
血が止まらぬ…
アルカド!
……バンシル
よく聞け…
私は…
長くない

なに言ってんだよ!? そんな冗談言ってる場合じゃない
バンシル 聞け……
早く安全な場所へ
いいから聞け!!
私は死ぬ…
だからこそ… 聞いてくれ…

私からの最後の教えは…
「守るべき者を持つ屈強な壁となれ」
だ！

……
なんだよ
それ…
はるか昔
バビロンの街が
できた時
壁は薄く
もろかった
しかし
いつしか屈強な
壁となった
なぜか？
バンシル
お前なら分かるだろう？
城壁が
守っているのは
王国だけではない
〝市民たちの精神〟
をもだからだ

「自分や家族を守ってくれる」「安心して仕事ができる」壁を強化することに市民たちは税の支払いを惜しまなかった
人は自分を守ってくれるものを慈《いつく》しみ応援する
想像してみるといい
頼れる「友人」愛する「恋人」信頼の置ける「家族」のために銀貨一枚を惜しむ者はいないことを
何か一つ「守りたいもの」を持て
それこそが自分を成長させてくれる
礎《いしずえ》となる！

無論その礎を作り上げるのは容易なことではないかもしれない
しかし、小さな火種もやがて業火に変わるよう守るべき友人・恋人・愛すべき家族たちはお前という存在を
一段、また一段と大きく強固にしてくれる
それは5年…あるいは10年かけて積み上げなければならないものかもしれない…
しかし…
それさえあれば
…それさえあれば…？

人は何度でも

戦える

バンシル…
バビロニアを…
頼む…
……

アルカド――――っ!!

バンシル君！
くそ…
くそっっ!!

壁内の敵を殲滅し
解錠の危機を
乗り切った後も

三週の間、
アッシリアの攻撃は
続いた――
城壁の通路は
多くの負傷者の血で
ぬかるみとなっていた
もうもうと立ち込める煙の中、
撤退していく敵軍の姿を
バビロニア兵士たちの眼が
捉《とら》えたのは
戦闘が始まって
三週間と五日目の
夜明けのことだった

朦朧《もうろう》とした意識の中で飛び交う、兵士や市民からの歓喜の声
それが何を意味するのか――バンシルはゆっくりと理解した
「我々は侵略の窮地《きゅうち》を脱したのだ」
バビロニアは勝利した

4 現代における「賢明な投資先」とは——その一

では、具体的に私たちは何に投資をすればよいのでしょうか。

本書では賢明な投資先として**「外国株式のインデックスファンド」の長期運用**を推奨する立場をとります。

（特定の金融商品を推奨することに違和感を抱かれるかもしれませんが、このコラムを読んでご自身で判断してみてください）

まず、なぜ数ある投資のなかで「FX」でも「不動産」でも「金（ゴールド）」でもなく「株」なのでしょうか。

株というのは単純に言うと会社の一部です。全ての株を取得すれば、会社はあなたのものになり、1株でも取得すれば、会社の一部があなたのものになります。

そして、会社というのは利益をあげるために、経営者や社員たちが日々努力を重ねています。その努力の結果、会社の株価が何倍にも伸びることがあります。

一方、不動産やＦＸ、金などの価格は、主に需要と供給のバランスで値段が決まります。もちろんそれ以外の要因もありますが、「金」が欲しい人が増えれば、価格があがりますし、「金」が大量に発掘されるなどして、供給量が増えれば金の価格が下がります。

「株」はＦＸや金の取引とは大きく性質が異なり、成長を前提としていることがわかってもらえればと思います。

だからといって、株を買ったところで、その会社がつぶれたらどうするんだ、あるいはリーマンショックのような不測の事態が起きて株価が下がったらどうするんだ、と思うでしょう。

そこで**株を分散して投資する**ことをおすすめします。

日本で時価総額がトップのトヨタ自動車だって電気自動車、自動運転がはじまったらどうなるのかわかりません。どんな大きな会社であっても、変化が大きい時代に、一社に集中して株を買うことは手堅いとはいえないのです。

だから、なるべく多くの優良企業に分散して投資するのです。投資した何社かは株価が下がるかもしれませんが、全体でみたら上がるだろう。という考え方です。

実際、世界経済は成長し続け、それに伴い世界全体の

（図2）MCSI コクサイインデックスの推移〈円ベース〉

株価も上がり続けています。リーマンショックがあった２００８年には株価が大幅に下がりましたが、現在では、国内外ともにリーマンショック前の株価を大きく上回っております。

ですから、もしなるべく多くの優良企業に投資して、世界経済全体に投資することができれば、（リーマンショックのようなことが起きて）ある時期に大きく株価が下落するかもしれませんが、20年後、30年後には図2のグラフのように資産があがっていくだろうと考えることができるのです。

では、資本家でも富豪でもない庶民が世界経済全体に投資することなんてできるでしょうか。３８４ページに続きます。

第六章 奴隷だった男

——己の心は「奴隷」のものか、「自由民」のものか

──5か月後

ま…待ってくれ…
確かにバビロニアの人間を殺したことは認める
でも、許してくれよな？ な…
うぎゃあああああぁあああああああぁぁぁぁ
ザク ザク

ぐうううううぅぅぅ
ぎゅるるるるるる

腹減った…
ヨタ…

ざわ
正門周辺は復興が大変だったらしいな
派手にやられたんだろ？
ざわ
わたし親戚から聞いたわ
敵が数百人地面を掘って城壁を抜けてきたって
王宮の兵士が迅速に駆けつけて戦況を盛り返したそうだ
アルカド様…惜しい人を亡くしたわねぇ
コソッ
馬鹿　その何百倍もの人が亡くなってんだ

あ…バンシル！
ビクッ
そちらは大変だったそうね
…バン…
ご両親は…
たたっ
…バンシルかあれ…
親が二人とも戦争に巻き込まれて死んだらしい…
そうかだから…
ヨロ
ヨロ
……

ばん
俺の
せいで…
父さんと
母さんが…
死んだ…
共にこの国の
発展を支えて
くれ
そして
アルカドまでも
……!
ギリ
ザザッ

見つけた！
武器職人の
息子
バンシル！
ばーーーん
お城の
姫様…
！
すっ

ちょっと！
こっち
向きなさいよ！
おい！
ガッ
！
目が
死んで
いる
…人違いです
すっ
……あ

あんたを見込んでたんでしょ!? アルカドは!
!
アルカドに託されたんでしょ？…そう聞いた
……
アルカドはあなたのこと
話してた
…
バンシル…あいつは将来この国を担う大富豪になりますよ
…ばんしる？廊下でぶつかってきたやつ？
!……
その横にいた短髪の少年です
…？

あのひょろっちいヤツがー？絶対弱いわよ！
…
本当の強さとは
心の強さ
後に付いてくるものなのですよ
あなたは次のバビロンの大富豪なのよ！
シャキッとしてもらわなきゃ困るわ！
……
……
他を探してください…俺は…
俺はもう…
ただの貧乏人です

……
この玉無し！
ダッ

本当に
行かれるのですか
バンシルさん
俺のせいで
アルカドも…
両親も殺され
たんです…
アルカドの
跡を継ぐ
資格は…
俺には
ありません
ガッ
!
ヒソ
なにあの
乞食
しっ
指ささないの
!…
ドテッ

ヒソヒソ
バンシルよ…
一切の富を失ったんでしょう？
ひそひそ
あんなゴロツキみたいいになって
大変よねえ
貧乏人は…
……
ヒソヒソ
ヒソ
あ、立ったぞ
ほらよたよた歩いてくぞ
ははは

おい
油屋・・・
期日を一月《ひとつき》も過ぎたのにそれでも返せねえとはどういうことだ
金貸し
ダバシア
す・・・すみません
ですが見ての通り
うちには金目のものは何一つないんです・・・

お父さん…
どうか お願いです
私共を 助けると 思って…
先月も あんたは そう言ってた じゃねえか
わっ
グイッ
…いい加減に しねえと
お前の子供… 奴隷商に売るぞ
そ… それだけは ご勘弁を…！
キラ…
…！

ズボッ
!?
う…
売り物の油には触らないでくださ…
あ？
ギロ
…
び
…
ぬ。ちゃ
やっぱ隠してやがったか…
ドド
チャリン
!…
ひいふうみい…
ジャリ…
ジャリ…
返済までは銀貨二枚ほど足りねえなあ

ま…
待ってください
それだけは…
それだけは……！
ゴッ
パラ…
娘を奴隷に
したくなきゃ
ああっ‼
ブチ
真面目に
働くんだな
ヒュー
ヒュー
……鬼だ
まだ返済して
いない奴は
いねえか
！……
あいつは…
バンシル

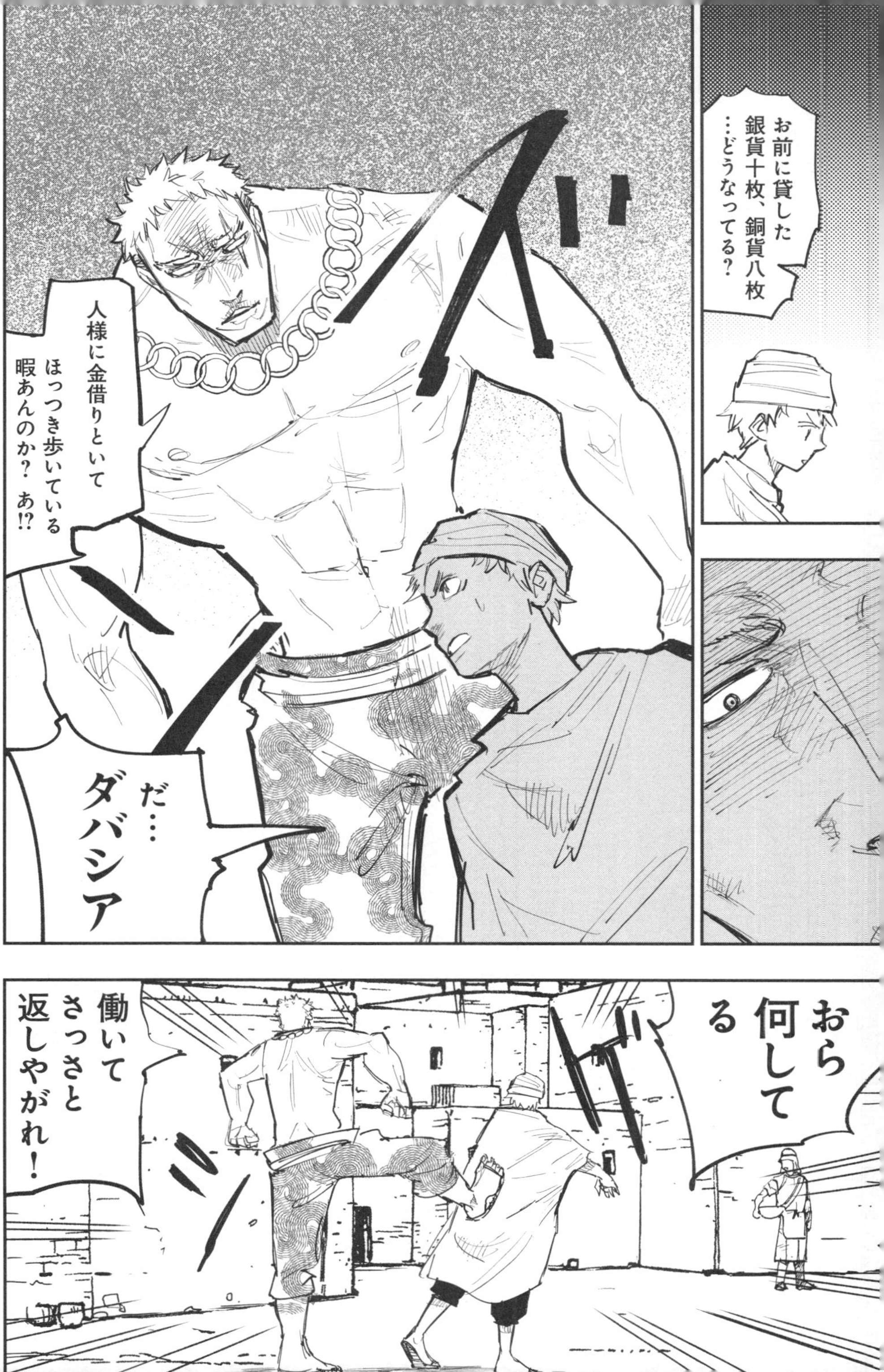
お前に貸した銀貨十枚、銅貨八枚…どうなってる？
人様に金借りといてほっつき歩いている暇あんのか？あ!?
だ…ダバシア
おら何してる
働いてさっさと返しやがれ！

……
いいか
戦争に巻き込まれたのなんて関係ねえ
返さねえと痛い目みせるぞ
ビシッ
……あんたは!
人に貸した金の利息で生活してるんだから…いいじゃないか
!
……あ?
俺はもう…
どうでもいいんだ
!
てめえ何だその態度は

どうやって金を返すつもりだ!
何もしない
ならお前奴隷しか道がないぞ
……
俺はもう…
奴隷《それ》でいい…
!

それで…いいんだ
奴隷になれば何も考えなくても言われた通りに働けば
銅貨の一枚や二枚手に入る…
…
いい度胸してんじゃねえか…！
!?

……
……
だったら
奴隷になるということが……
どういうことか教えてやろう
ついてこい
くるっ
?
はやくしろ奴隷!!

お前を売る金で腹ごしらえだ…
!?
バビロン食堂
ワイワイ
それでさあ俺は言ってやったんだよそのバカに…そしたら…
おい ダバシアが来た…!
お前ら静まれ!!
ワイノ
ワイノ
ガヤガヤ

目を合わせちゃダメだ…
さあメシだ
俺、あいつに借金があるんだ…
どわ
さあお前も
座れ
……
武器屋の息子…バンシルじゃないか
ああ…アルカドの後継者といわれた…!
見る影もない
……
……
いい場所だろ?
静かで…落ち着く

……
親父！
熱々の骨つき肉をもってこい!!
それと…パンと野菜もだ！
ボサボサしやがったらただじゃおかんぞ！
か…かしこまりました…！
ほか
ほか
じゃーん

ごく
……
…そうだな
ここにいる
こいつには…
よおーく
冷やした
水を出して
やってくれ
今日は
暑いからな
ニヤ

そうだ奴隷のガキ　こんな話は　知っているか？
ウルファから帰って　きたばかりの人間から　聞いた話だが…
ある富豪が　新しく見つけた鉱石で　向こうが透けて　見えるくらいの　薄い一枚の　石板をつくらせた　そうだ
その男は窓に　その石板をはめて　雨が入らないように　しているらしい
その石板は　黄色くて薄く　家の中から　外を見ると
実際の景色とは　違って　奇妙に歪んで　見えるそうだ
…………

だがな、こうは思わねえかガキ
なにも「石板が無くたって世界ってのは簡単に歪んで見えるものなんだ」って
……
ダバシアが何か話し始めるぞ！
……！
お前静かにしろ…目をつけられるぞ
もしかしたらお前の世界はまだ歪んでいるのかもしれねえなあ
この中に、俺がシリアの奴隷だったことを知ってる奴はいるか？
！
…？
奴隷…？
あのダバシアが…？
ざわ
ざわ
ざわ
ざわ

奴隷がどういうものか教えてやる
……若い頃、俺は鞍《くら》職人の親父の元で見習いをしていた
駱駝《ラクダ》のな
親父の店で働きながら妻をもらった
しかしまだ未熟で稼ぎはわずか
妻にギリギリの生活しかさせてやれなかった

――仕事に慣れてくれば後々きっと給料は高くなるはずだ
商売人たちがあとで金を払えばいい「貸付販売」というものをおこなっていることを知った
チャリーン
給料が低いのは今だけだし…
後で払えるんだから大丈夫だ、という気持ちを持って散財してしまった
それが転落の始まりだった
借金には利息というものがある
督促状
収支はすぐに追いつかなくなり
食べるものにも困った
ボロ…
取り立てとケンカした

妻が実家に戻ってしまったことを機に
愛想が尽きました
俺はバビロニアを去り若い俺でもチャンスをつかめそうな街を探すことにした
そのあと二年間もの間俺は様々なキャラバン隊で働きながら、
その日暮らしを続けていた

そんなとき
俺はある
儲け話を
見つけた…
ピコー!!
それは強盗団の
一味に加わることだった
「お金を手に
入れられれば
それでいい」…
俺はそういう
黄色く透明な石板を
通して世界を見て
いたからな
手段は
選ばなかった
初めの遠征は
成功した
金貨や絹など
高価な品を
いただいた
それらを売り飛ばし
贅《ぜい》の限りをつくした
金貨…♡
だがそんな計画が
二度も成功する
ハズがなかった

手頃なキャラバンを
襲撃した
ちょうどその時
周辺地域を
治める民族が槍を
持って現れた
そいつらは
キャラバンが
雇った護衛だった
俺たちのリーダー
二人は刺し殺され
残りの仲間は
ダマスカスに送られた
俺たちは服を
むじり取られ
奴隷として
売られたんだ

ヒタ
ヒタ
これもいい経験だな
ああ滅多に得られない緊張感がある
確かに

この時、俺はまだ状況を舐めていたんだ
さあお前たち
好きな奴隷を

宦官《かんがん》にでもしなさい
プルプル
!?
…何だよ カンガンって
チンコを切り取られるんだよ
!?
!?
な…なんでそんなことするんだよ!?
去勢することによって男でも女でもない影の存在として働かされるんだ!
ズッ

……！
そうか…
俺たちは
奴隷に
されるんだ

……！
キン
……
ドばっ
どうなるんだ俺は…
宦官!?
聞いてねえぞ!
なんでこうなった!?
…そうか
始まりはあの…
小さな借金から

何てことをしてしまったんだ
俺は…
宦官は充分にいますが…駱駝の世話をできる者が少なく
！
その上役立たずばかりです
今日も熱病の母を見舞いに行かなければいけないのですが
安心して駱駝《ラクダ》を引く係を任せられる奴隷がいません
ふるふる
この奴隷たちに駱駝を上手に引けるかどうか…ご主人様お聞きいただけませんか？
おいそこのお前
駱駝を引けるか？
ぴっ

……
はい できます！
……
それに…！
駱駝をひざまずかせることもできます！
重い荷物を積むこともできますし
何十kmも引いて旅させることもできます！
その上
望むなら駱駝の装具を修理することだってできます！
やかましい奴隷だな…
いいだろう！シーラ
お前の駱駝の面倒をみさせなさい

先ほどは
ありがとうございました……
……
私は私の利益になることをしたまでです
……

余興までに聞かせなさい
お前はこれまでどのように生きてきたのですか
…実は私はもともとバビロンの人間なのでございます
…バビロンか…
はい
今でこそこうして奴隷の身に甘んじてはおりますが…
本当の私は自由民の身分でバビロンの由緒正しい鞍作りの息子なのです
本当の自分は自由民…
……
愚かですね

自分の弱さのせいで奴隷に堕ちたお前が
自分が自由民だなんてよく言えたものです
自らを滑稽だとは思いませんか？
！……
「今の自分は奴隷の身に甘んじている」
あなたはそう仰《おっしゃ》いましたが…それは順番が逆なのではないですか？
逆…？
奴隷になったから甘んじているのではなく甘んじているから奴隷になったのではないですか？

自由民の魂を宿すなら
どんな境遇に置かれても
あなたが生まれた
街…バビロンで敬愛
されるのではないで
しょうか？

今夜は暑いですね
奴隷たちの仕事には区切りが付いたはずですが
ダバシアお前はそこで何をしているのですか
は…壁の修繕を…
そうですか私は水浴びに来ました
すみませんすぐに天幕《てんまく》に戻ります
あなたは愚か者ですか？

見張りをするのは奴隷の役目です
ところで
壁の修繕は命じられた仕事ではないはずですが

少しでも…多く働きたいと思っていました…
以前あなたがおっしゃっていたことが引っかかっているのです
私が持っているのは自由民の魂か奴隷の魂か…
私は…
……自由民の魂を持っているのなら奴隷には甘んじてはいけない
少しでも多く働くべきだと思ったのです
…そうですか
……
……
…お前は知らないでしょうが
私も奴隷のようなものです
!?

夫は私の父の財産が目的で私と結婚しました
…そこに愛はなかった
私は
買われたのです
しかし私は子供が産めないのです
かといって今更他の人生を選べるわけでもない…
……そんな
これを奴隷と言わずなんと呼びますか
魂は…囚われたままなのに
……

私は…
私の中に
宿っている
魂は…奴隷のもの
でしょうか…
それとも
まだ少しでも
自由人としての…
……
お前、借金は？
あります…
バビロンに…
返しても返し
きれないほど
その借金を
返す意思はまだ
ありますか？
…はい
でも私には
方法が
見つかり
ません
借金は人を
振り返らせる
過去ばかり
思案する
自由人など…
道化です

確かめてみますか？
お前の魂は自由人のものだと…ここから出られない私の代わりに
お前の人生で…証明してみますか？
その言葉の真意が分かったのは
三日後三日月の晩のことだった

ダバシア
はい！
母の具合がよくないのです
主人の家の群れから駱駝を二頭目利きして
鞍をのせなさい
すっ
長旅ができるように二日分の水と食料を忘れずに
わかりました！
ザアアアア

病状が悪化したというのは間違いだったのですね
ホッ
お母上様は体調を保たれていたようで医者ももうすぐ良くなると言っておりました
ご安心ください
良かったです
ダバシアもう一度聞きます
いま、お前の胸にあるのは自由民の魂ですかそれとも奴隷の魂ですか？
この三日間
考え抜いて決めたことがあります
……
たとえ私の魂が奴隷のものだとしても…
私はいつか必ず…あの地に戻り、借金だけは返し切ろうと…

そう
決めました
フ…
これは独り言
なのですが…
!
家を発つ際に
主人はかなりの
酒を飲んで酔っ
払っていました
この袋には
主人の衣服も
入っているのですが
!
もしも私の奴隷が
その服で変装し、駱駝で脱走
したとしたら逃げおおせて
しまうのでしょうね…
……
シーラ様
…
ダバシア
あなたが駱駝を
引いてくれた
おかげで母に薬を
届け続けることが
できました…

証明して
みなさい
あなたが
自由民で
あることを
この時
俺は
覚悟を決めた

おい！貴様！
ここを通りたければ通行料を払ってもらおう
金がないなら俺たちの奴隷にしてやるよ
俺は…
自由民の魂を持つ者だ！
こいつ…なに言ってやがる⁉
ぶっ殺せ‼
ドッ
ガッ

ずりずり
必ず…
辿り着く
お前の人生で証明してみせますか？
ヨロ…
あなたが自由民であることを
ググ
バビロンに…
自由に…！
ギ…

前だけを見て
進みなさい
自由民の
魂に従って
お
お
お
お
お
お
お

バビロンの
方角に
やってやる!
やってやるぞ!!
月が
瞬いていた

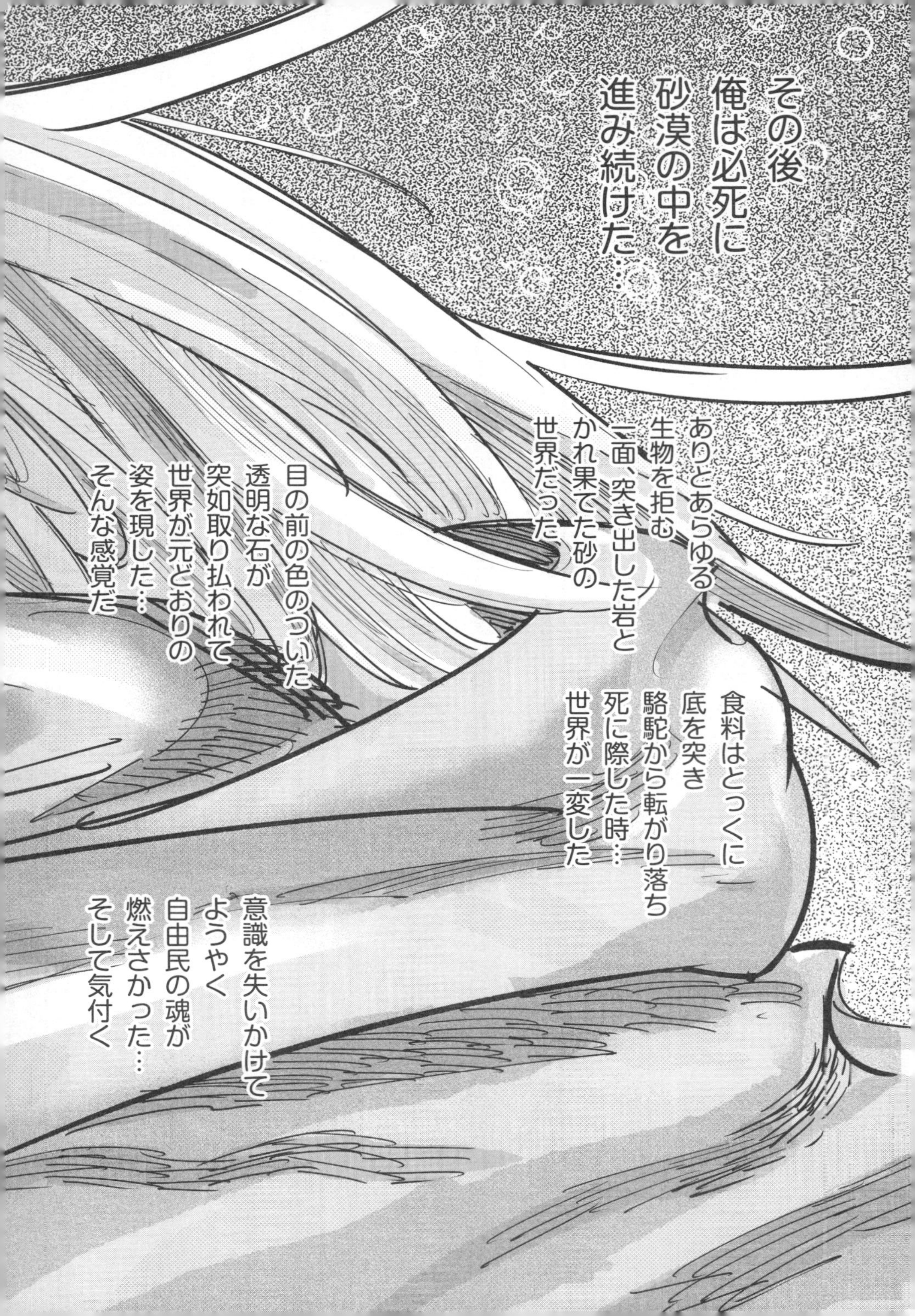
その後
俺は必死に
砂漠の中を
進み続けた…
ありとあらゆる
生物を拒む
一面、突き出した岩と
かれ果てた砂の
世界だった
食料はとっくに
底を突き
駱駝から転がり落ち
死に際した時…
世界が一変した
目の前の色のついた
透明な石が
突如取り払われて
世界が元どおりの
姿を現した…
そんな感覚だ
意識を失いかけて
ようやく
自由民の魂が
燃えさかった…
そして気付く

俺が昔の仲間達に
返さなきゃ
いけないのは
「金」だけじゃない
「恩」もだ

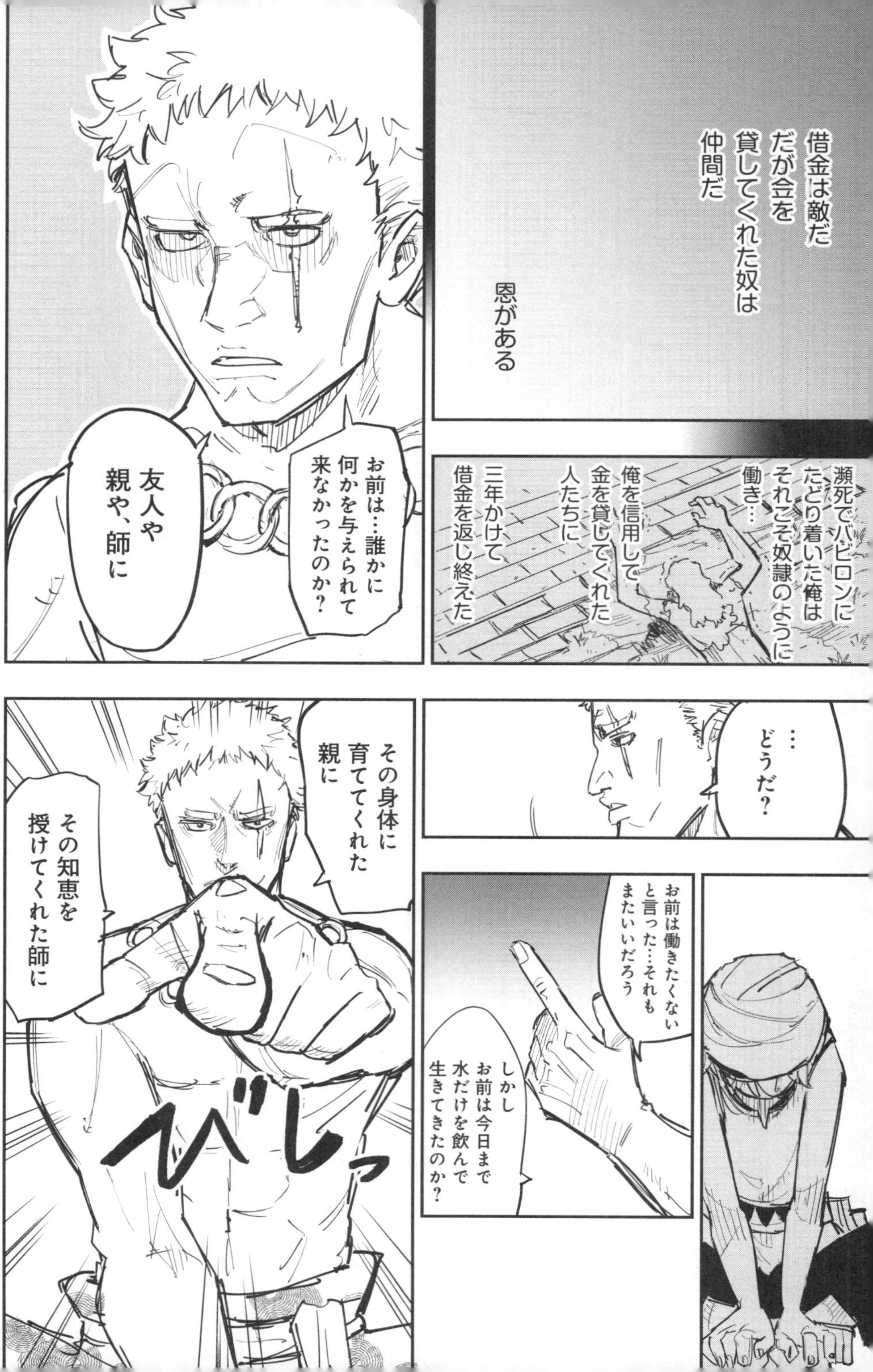
借金は敵だ
だが金を貸してくれた奴は
仲間だ
恩がある
瀕死でバビロンにたどり着いた俺はそれこそ奴隷のように働き…
俺を信用して金を貸してくれた人たちに
三年かけて借金を返し終えた
お前は…誰かに何かを与えられて来なかったのか？
友人や親や、師に
…どうだ？
お前は働きたくないと言った…それもまたいいだろう
しかしお前は今日まで水だけを飲んで生きてきたのか？
その身体に育ててくれた親に
その知恵を授けてくれた師に
びしっ

「恩」は返せたか？
父さんに…
母さんに…
アルカドに…
バンシル
バンシル！
バンシル
俺は
ずいっ
まだ

俺はまだ恩を…
返せていない…‥!
なら働け
ガヤ
ガヤ
ガヤ
…すげえ勉強になったな…
俺も…

話してるうちにせっかくの冷たい水がぬるくなッちまったじゃねえか
まあ、お前には冷たい水はもったいねえな
〰〰〰〰……！
親父！俺の友人に熱々の鳥の足を焼いてやれ

5 現代における「賢明な投資先」とは——その二

富豪でもお金持ちでもない庶民が世界経済の成長に投資する。それを実現するのが外国株式のインデックスファンドという投資信託です。

この金融商品は、例えば「Msci コクサイインデックス」という世界経済の指標（日経平均の世界版のようなもの）に沿って、機械的に株を買います。※

これを噛み砕いて言うと、アップルやマイクロソフト、アルファベット（グーグルを運営する企業）など、先ほど例に出した世界の優良企業１７００社程度の株で構成された、詰め合わせのようなものです（図3）。

しかもこの商品はネットの証券会社で口座さえ開けば、数万円程度から購入できます。銀行や証券会社に多額の手数料を払う必要もありません。（外貨預金で1ドルを購入すると1円程度（約1％）の手数料がかかりますが、インデックスファンドの手数料は年間0・1％程度）

実際、この本がつくられている、２０１９年9月から10年前に外国株式のインデックスファンドを購入していれば2倍以上になっています。

ここまでを読んだあなたは「それだって減ることもあるんでしょう？」と反論するかもしれません。

たしかに減る可能性はあります。

しかしながら、**現在では、リスクをとらずとお金を増**

やす方法はありません。メガバンクの定期預金は0・01%程度。元本保証で1%の金利が何年もつく商品は金融機関に存在しないのです。

学校でお金のリテラシーについて学ぶ機会のなかったわたしたちにとって、リスクをとるということに大きな抵抗がありますが、「リスクを全くとらない」という考え方に固執すると、懸命な投資をする機会を失うことになってしまうのです。

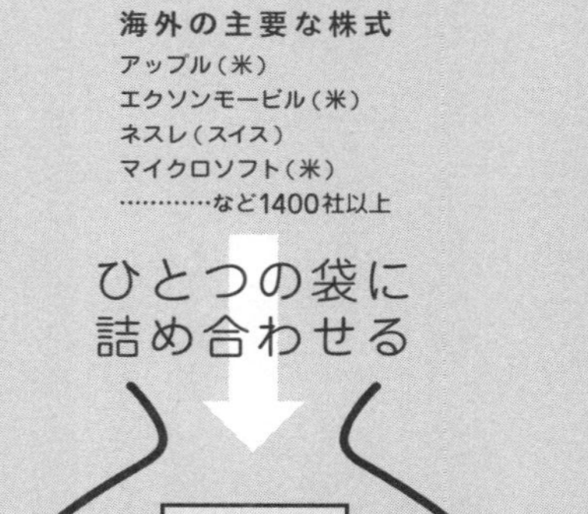

（図3）外国株式インデックスファンドのイメージ

そして、インデックスファンドを推奨する最大のポイントは、時間を取られないことです。

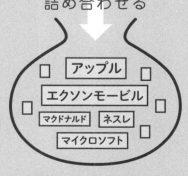

インデックスファンドは指標に沿って（自動的に）株を購入するものですから、金融機関のトレーダーのように個人で情報を集める必要はありません。一度買ったら、そのままにしておき、自分の仕事をしていれば、勝手にお金が働いてくれます。しかも、プロに株を選んでもらった場合（アクティブファンド）よりも過去の実績はいいのです。

本書では「お金に働き口を見つけること」と同時に「働くこと」についても、その大切さを訴えていますが、その両方を実現できるのが、インデックスファンドなのです。

バンシルやアルカドが生きていた頃には、当然、電話もネットも株式市場もありませんでした。人を信用するのは難しく、お金を回収することは難しかったはずです。

しかし、そのバビロニア時代に発祥した金融が、文明が発達するにつれ大きな進化を遂げました。

株式市場が開設され、お金は金貨や銀貨から電子データになり、**スマホが一台あれば、地球の裏側にお金を簡単に送ることができて、世界で最も優秀な頭脳たちに投資することもできる**ようになったのです。

ただし、この情報も鵜呑みにせず、自分でよく調べ、まわりの投資に長けた方に聞いてからおこなっていただければと思います。

なぜなら黄金法則のその四は「自分がよく理解していない商売、あるいは、黄金の防衛に秀でた者が否定する商売に投資してしまう持ち主からは黄金は離れていくだろう」ですから。

※具体的な商品名をあげるとするならば手数料が安く、世界中に分散して投資ができる「eMAXIS Slim 全世界株式（オール・カントリー）」などがあります。ネットの証券会社で購入が可能です。

第七章 伝承

──はるか昔の借金返済記録が、現代人を救う

チュン
チュン
ここから
この粘土板に刻むのは
ロマンスでも冒険物語でもない
ただの借金を返済していく記録だ
だけど俺にとっては
自由民の魂を取り戻す決意の証だ
……

ファフル（服飾職人）銀貨二枚、銅貨六枚
シンジャール（長椅子職人）銀貨一枚
ザンカル（友人）銀貨一枚、銅貨三枚
アスカミル（友人）銀貨一枚、銅貨三枚
ハリンシル（宝石職人）銀貨六枚、銅貨二枚
アマフル（友人）銀貨三枚、銅貨一枚
ダバシア（金貸し）銀貨十枚、銅貨八枚
ディアルベケル（父の友人）銀貨四枚
アルカハド（大家）銀貨十四枚
ビレジク（農夫）銅貨八枚
コッビ（友人）銀貨一枚、銅貨七枚
合計で… 銀貨四十三枚 銅貨三十八枚…
これはバビロンの平均的な商人の四年分の収入である…
気づけば俺の借金はここまで膨らんでいた

先ず俺は借金をした人たちの元へ一軒ずつ歩いて回った
借金を返すには先ず…
自分で働かなきゃならない…
おい…そんな当たり前のことをいうためにのこのこやって来たわけじゃないだろうな
銅貨一枚も、持ってこずに…
ズイ
き…聞いてくれよ！
働き続けるためには生活もしていかなきゃいけない…
収入の全てを返済に充てていたらすぐにまた先行きがなくなって返せなくなってしまう…
だから収入の中で返済するべき割合をきちんと決めようと思うんだ
収入の十分の一を貯金に回す
残った十分の七を生活費に…
十分の二を絶えず返済に回すと約束する…！
1/10
貯金
7/10
生活費
2/10
返済
そうすればいつか必ず返し終え…

寝言は寝て言え！給料の十分の九で返済しろ!!
さっさと返さないと大変なことになるということを分からせてやるぞ…！
……
……
…分かった
俺はバンシルの言ってることを信じるよ
ババッ！
あの時俺は知恵の袋を選べなかった…
知恵があればどんな借金だって返せることを見せてくれ！

皆の反応は様々だったけど
俺にはもうこの方法しかなかった
俺は様々な所に働きに出て本業の武器屋も休まずこなした
先ずは元金を作らねばならない
すみませーん
¥
!

収入の十分の一
を貯金に回し
十分の七で
生活
残りの
十分の二を
全員にできる
だけ公平に
手渡した
これが…
少ないけれど
今月の分です
毎月ちゃんと
来て偉いね
少ないかも
しれませんが
これからも
必ず返済して
いきます
うん
よろしくね
これじゃあなんの
足しにもならん
馬鹿野郎
お前
なめてるのか！

これっぽっちの金持ってきてなんのつもりなんだ！
こんなんじゃ返さねえと開き直ったほうがいっそすがすがしいくらいだ！
……
……
じゃあそうするよ…
ああ!?
せっかく少しでも返そうと思って稼いできたお金にケチを付けるなら
あんたの言う通り全部溜まってから返すから…今渡した分を俺に返してくれ！
なんだと!?
……
チッ開き直りやがって
あと二日だけ待ってやる
！…
ダバシアが難癖をつけつつも返済を待ってくれたことに気づいたのは後になってからだ

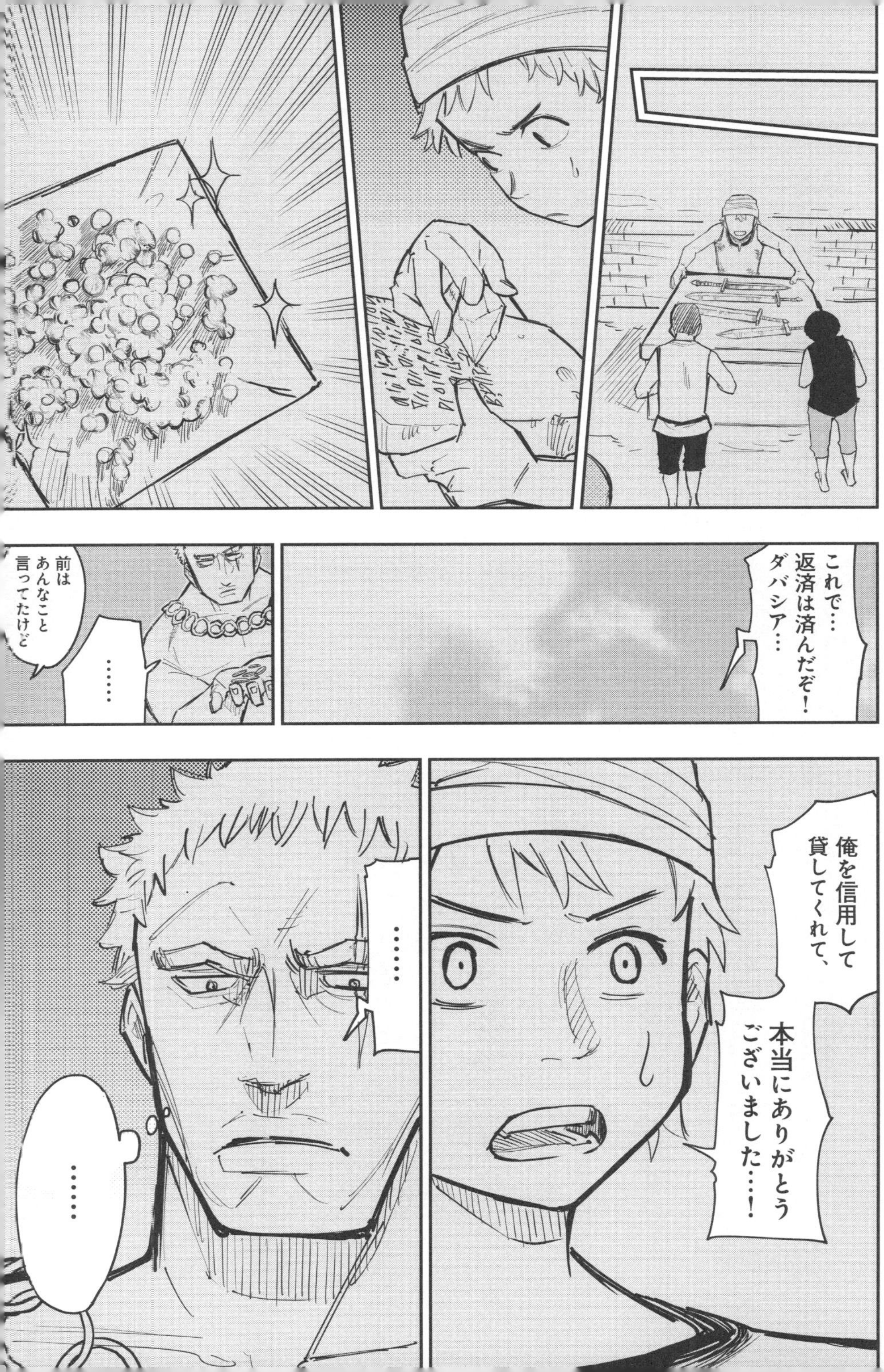
これで…返済は済んだぞ！ダバシア…
前はあんなこと言ってたけど
……
俺を信用して貸してくれて、
本当にありがとうございました…！
……
……

また困ったら借りに来い
……
えっ今なんて…
うるせぇさっさと帰れてめえ!!
この粘土板に借金の返済記録を記し始めてから
もう数年が経った

今日は俺にとって
とても祝福するべき
日になった
俺は、借金を
全て返済し終えた

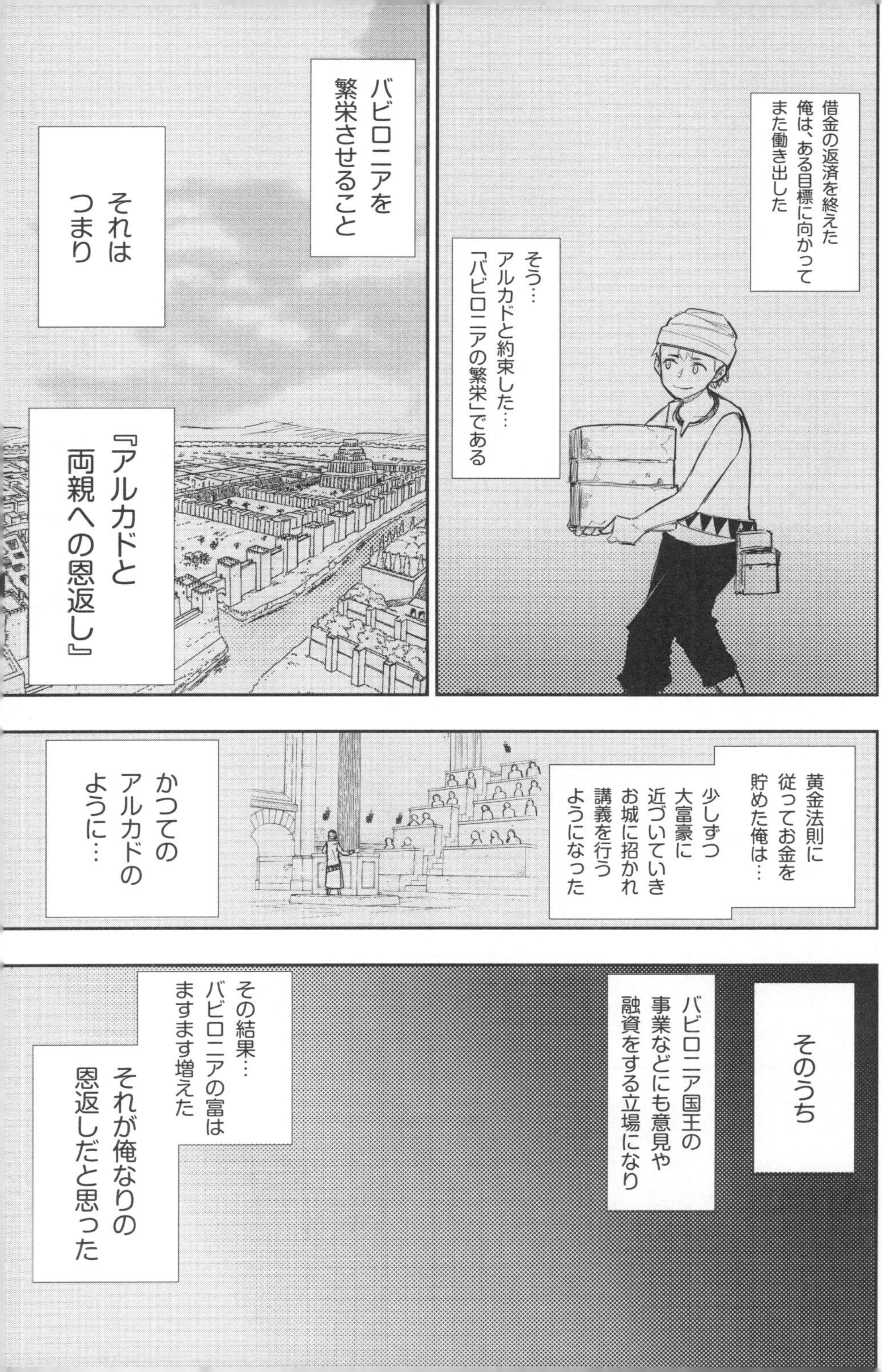
借金の返済を終えた
俺は、ある目標に向かって
また働き出した
そう…
アルカドと約束した…
「バビロニアの繁栄」である
バビロニアを
繁栄させること
それは
つまり
『アルカドと
両親への恩返し』
黄金法則に
従ってお金を
貯めた俺は…
少しずつ
大富豪に
近づいていき
お城に招かれ
講義を行う
ようになった
かつての
アルカドの
ように…
そのうち
バビロニア国王の
事業などにも意見や
融資をする立場になり
その結果…
バビロニアの富は
ますます増えた
それが俺なりの
恩返しだと思った

可燃ゴミ
可燃ゴミ
可燃ゴミ
…〝つきがみちたときにもらうおかね…ぎんか1しぇける「月給」のことだ〟
〝いちぶのひとたちはわたしをおこった〟…「叱責」したが、〝わたしはそのひとたちにもびょうどうにへんさいをおこない〟…
ガリ ガリ
着信中
近藤武
プルルル
!

どうだ？
解読の方は…
うるせー!! 今話しかけんじゃねぇ！
ブチッ
……
キーン
……はは……
昔のたくやんじゃねえか…!!

粘土板の全てを
解読し終わった
俺は
チュン
チュン
どっと疲れて
床に倒れ込んだ
どっ
バビロンの
黄金の法則……
お金の知識は
世の中に沢山ある…
けれど
紀元前から
変わらない……
不変の真理
……!!

お金持ちになりたければお金持ちが実践していることを聞き、自分も実践する

黄金に愛される七つ道具

1 収入の十分の一を貯金せよ
2 欲望に優先順位をつけよ
3 貯えた金に働かせよ
4 危険や天敵から金を堅守せよ
5 より良きところに住め
6 今日から未来の生活に備えよ
7 自分こそを最大の資本にせよ

守るべき者を持つ
屈強な壁となれ

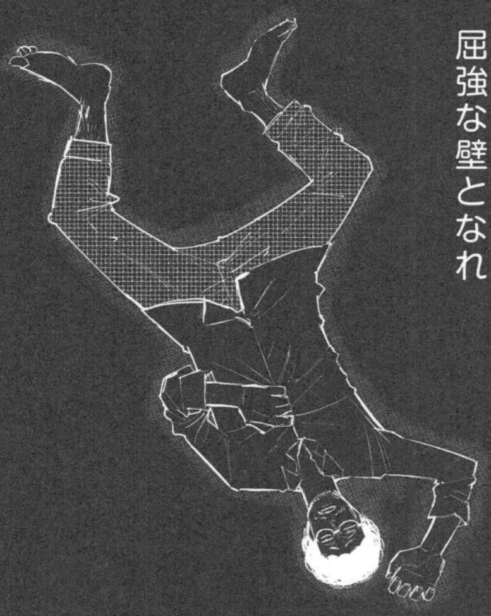

借金は心の弱さ——
金を貸してくれた人に
恩を返すことが
人間に尊厳を与える

五つの黄金法則

一、家族と自分の将来のために
収入の十分の一以上を
蓄える者の元には黄金は
自らを膨らませながら、
喜んでやってくるだろう

二、黄金に稼げる勤め先を見つけてやり、
持ち主が群れを膨大に増やす
羊飼いのように賢明ならば、
黄金は懸命に働くことだろう

三、黄金の扱いに秀でた者の助言に
熱心に耳をかたむける持ち主からは、
黄金が離れることはないだろう

四、自分が理解していない商い、
あるいは、黄金の防衛に秀でた者が
否定する商いに
投資をしてしまう持ち主からは
黄金は離れていくだろう

五、非現実的な利益を出そうとしたり
謀略家の甘い誘惑の言葉にのったり
己の未熟な経験を
盲信したりする者からは
黄金は逃げることになるだろう

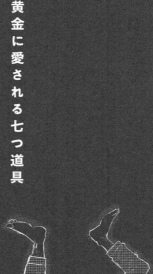

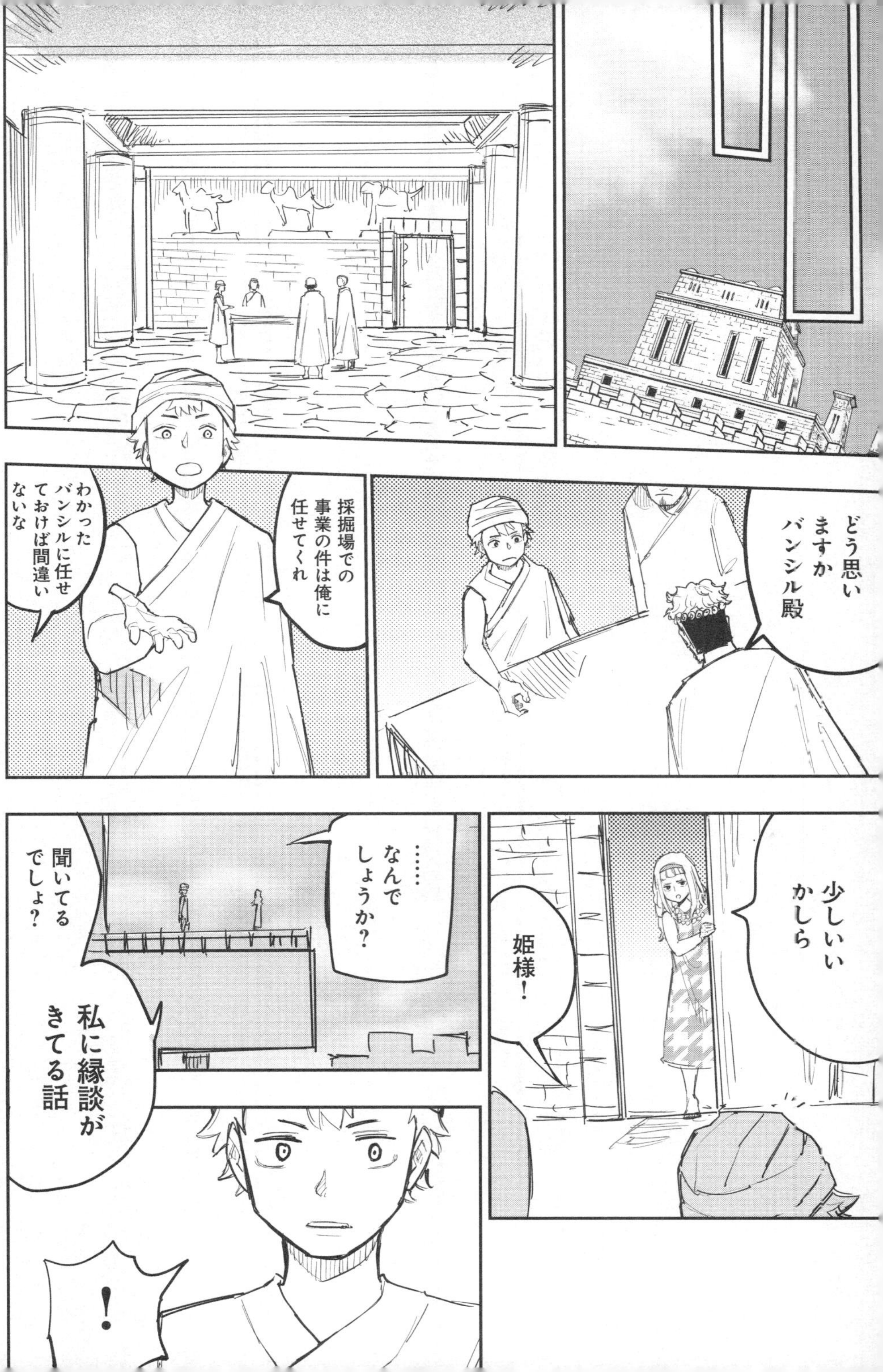
どう思いますかバンシル殿
採掘場での事業の件は俺に任せてくれ
わかったバンシルに任せておけば間違いないな
少しいいかしら
姫様！
……なんでしょうか？
聞いてるでしょ？
私に縁談がきてる話
！

相手は隣国の大金持ちよ
でも私は断固拒否してやったの
お父様が困り果てるくらい
な…なぜですか?
だってあいつ好きじゃないんですもの
なんとカワイイグヘヘ
うわあああ
召使いが国中、代わりの相手を探したわ
でも見つからなかった
そしたらとうとうお父様がこう言ったのよ
「アルカドの弟子」バンシルなら結婚しても良いって
!?

どう？
あんたにとっても悪い話じゃないんじゃない？
……
……
えっ イヤなの？
なんなのアンタどんだけ調子乗ってんの!?
え…やイヤなわけではないです!!
…ただ
そのお話は…お受けできません
僕は武器職人の出です…
お嬢様とは身分が不釣り合い…ご迷惑をおかけしてしまいます
はあ？

この際
ハッキリ
させておくけど
あんたの価値を
決めるのは
あんたじゃない
!
私!
この国の
王女である
私なの!
勝手に
価値を低く
つけるんじゃ
ないわよ!
あんたに
拒否権なんて
あるわけ
ないでしょ!
……
この人には…
かなわないな
一生を
かけて
お守りします

第八章

王子の商隊《キャラバン》

——なぜ人は働くのか。
それは金のためではな
かった

数年後
そこの奴隷
荷物を運んでおけ
バビロニアの王子
ハダン・グラ
分かりました
ヨボ

ヨロロ…
ぐいっ…
では姉上
バンシルさんと
一緒にキャラバンに
行ってまいります
ハダン
ちょっと
無理させ
すぎじゃない？
僕らが
仕事をする
意味なんて
ない
僕はお金を
持っている
仕事とは 貧乏人の
もの

バンシル
皆、体力は大丈夫か？
大丈夫です！
まだまだ行けますよ!!
余力があるうちに今日はここに野営しよう

姉さんが陰で褒めてました
ん？
ワハハハ
バンシルさんのこと
バンシルさんって一度借金まみれになったことがあるんだよ！って
…そうだな
あの時は魚の腐ったような目をしてて、平民の分際で王女の私に歯向かってきてめちゃくちゃうざかった！って言ってました
褒めてないじゃん！
いや、褒めてましたその後に
まさか自分の夫になるまで成長するなんて思わなかったわ！…って
ははは……
バンシルさん話は変わるんですが…
聞こうと思っていたことがあるんです
なんだ？

働く必要ってあるんですかね？
僕の家は王族で、金が沢山ある、働かなくたって生きていけるんですよ
親の命令でこうしてキャラバンに付き添っていますが意義を感じません
金さえあれば働く必要なんてないですよね？
…嫌味なやつだ
だって世間の多くの人は「働きたくないから」お金持ちを目指しているんでしょう？

……ふむ
というのも僕は前々からすごく不思議に思っていたんです
何故バンシルさんはすでにお金があるのに
働くのか
働くのはお金を得るためで…お金さえあれば働くこと自体に意味はない
だって働くことが尊いのであれば
一番働いているのは奴隷ですからねあんなに報われない仕打ちを受けているのはおかしい
……実はそれに関して俺は思っている事があるんだよハダン
…なんでしょう
バビロニアが奴隷の労働によって支えられているということさ
!

壁も家も
王宮も
彼らの
力無しでは
建たない
「仕事」を
通じて
建物が建ち
水路が流れ
また、それらを
管理する新しい
「仕事」が生まれる
「仕事」は
経済を回し
「営み」を築く
そのことに
比べたら
「お金」なんて
おまけだ
……
お金が…
おまけ？
ああ

おまけだ
……
お金がおまけ…
…一体
どういうことでしょう…？
俺が…親を失い恩人が殺されたショックで
茫然《ぼうぜん》自失《じしつ》となり
借金まみれの生活を送っていた頃

生きている意味も
失いかけていた
……
痛……
ぼろっ
働くことも…
もうやめて
しまおうか
そんなことを
思い始めた
ある日…
俺は
街中で
奴隷の行列を
見かけた
!…
!?

おい
何してる
んだこんな
ところで！
ダバド
……
バンシルか？
何って
見ての通り…
奴隷だよ
そいつは
かつて
一緒に商売を
やったことの
ある奴で
なるべく働かずに
お金を手に
入れたほうが
得だ、という
考え方を
する奴だった
見ての通り
って…
君のお父さんは
お金持ちなんじゃ
なかったのか⁉
お金持ち
だったさ

ギャンブルに
手を出す
まではね…
貴様!
さっさと
歩け!
うっ
……
ヨロ
ヨロ
「君は
今まで通り
勤勉に働いた
ほうがいいよ」
ダバドは
そう言って
新しい塔の
建築現場に
歩いて行った
結局
いまの仕事を
やめたところで
もっと苦しい
仕事をする
ことになる

じゃあ
ダメじゃないですか
僕が聞きたいのは「お金があったら働かなくてもいいのでは？」ということなんだけど…
この話には続きがあるんだ
……
俺は借金を返済し元の生活に戻るため
様々な商人の家に働きにいった
そこで俺はあるパン職人の主人と出会ったんだ
お前は本当にかわいそうだな
朝から晩までそうやって働いたところで
決して報われないのだからな
僕はそうは思いません
一生懸命働けばバビロンの壁のように…強い人間になれると思います
強い人間!?

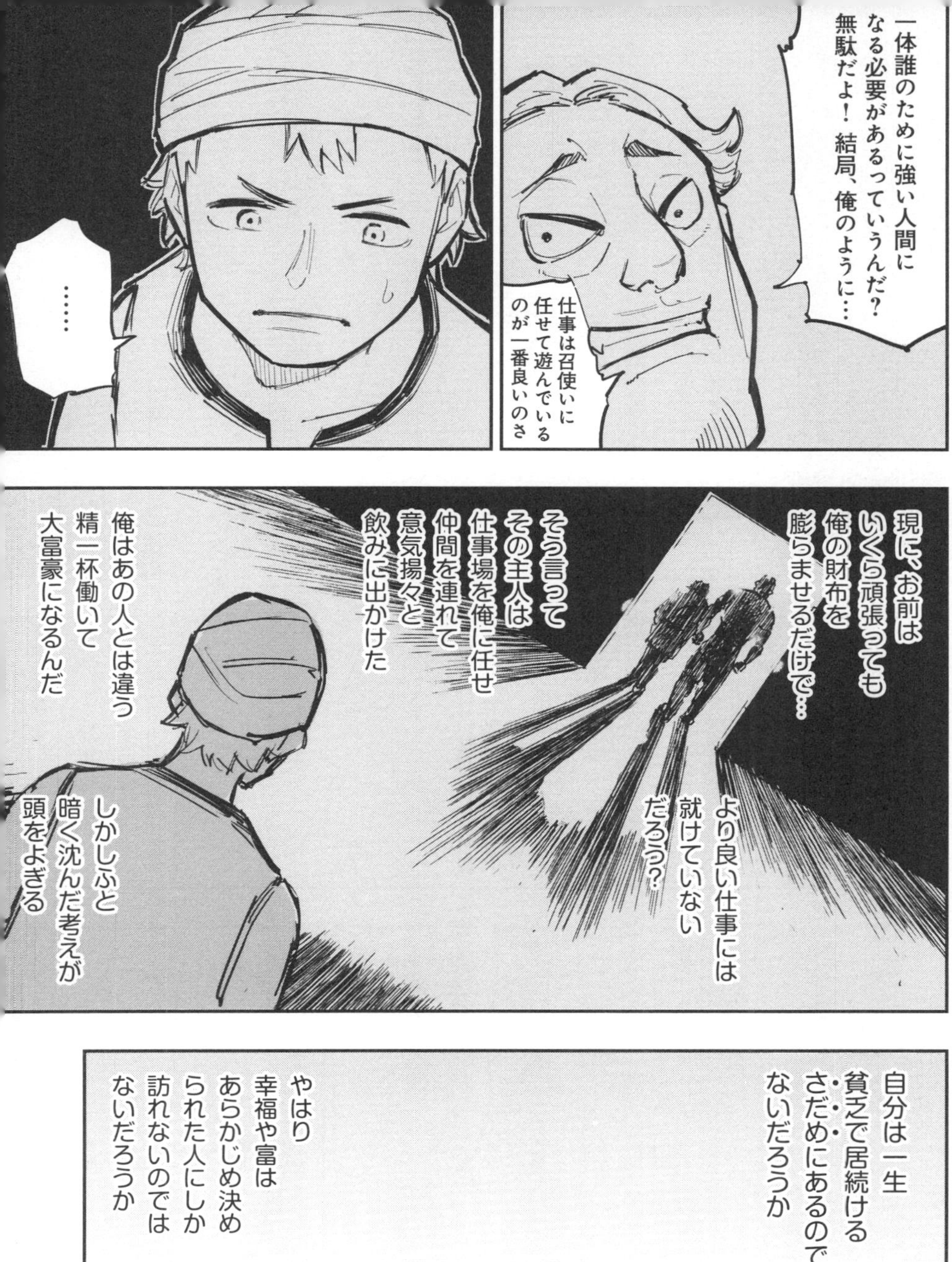
一体誰のために強い人間になる必要があるっていうんだ？無駄だよ！ 結局、俺のように…
仕事は召使いに任せて遊んでいるのが一番良いのさ
……
現に、お前はいくら頑張っても俺の財布を膨らませるだけで…
より良い仕事には就けていないだろう？
そう言ってその主人は仕事場を俺に任せ仲間を連れて意気揚々と飲みに出かけた
俺はあの人とは違う精一杯働いて大富豪になるんだ
しかしふと暗く沈んだ考えが頭をよぎる
自分は一生貧乏で居続けるさだめにあるのではないだろうか
やはり幸福や富はあらかじめ決められた人にしか訪れないのではないだろうか

かといって
働くのを
やめることも
できない
今の仕事を
続けたところで
夢は叶わない
お前らなら
どうする？
諦めるでしょうね
生まれの不幸を
恨みながら死んで
いくしかない
こいつ…
そう、最初俺は
そう思って腹を
空かせたまま
町を徘徊した
だけど
めっちゃくちゃ怖い
借金取りが俺を
監視しているんだ
？…

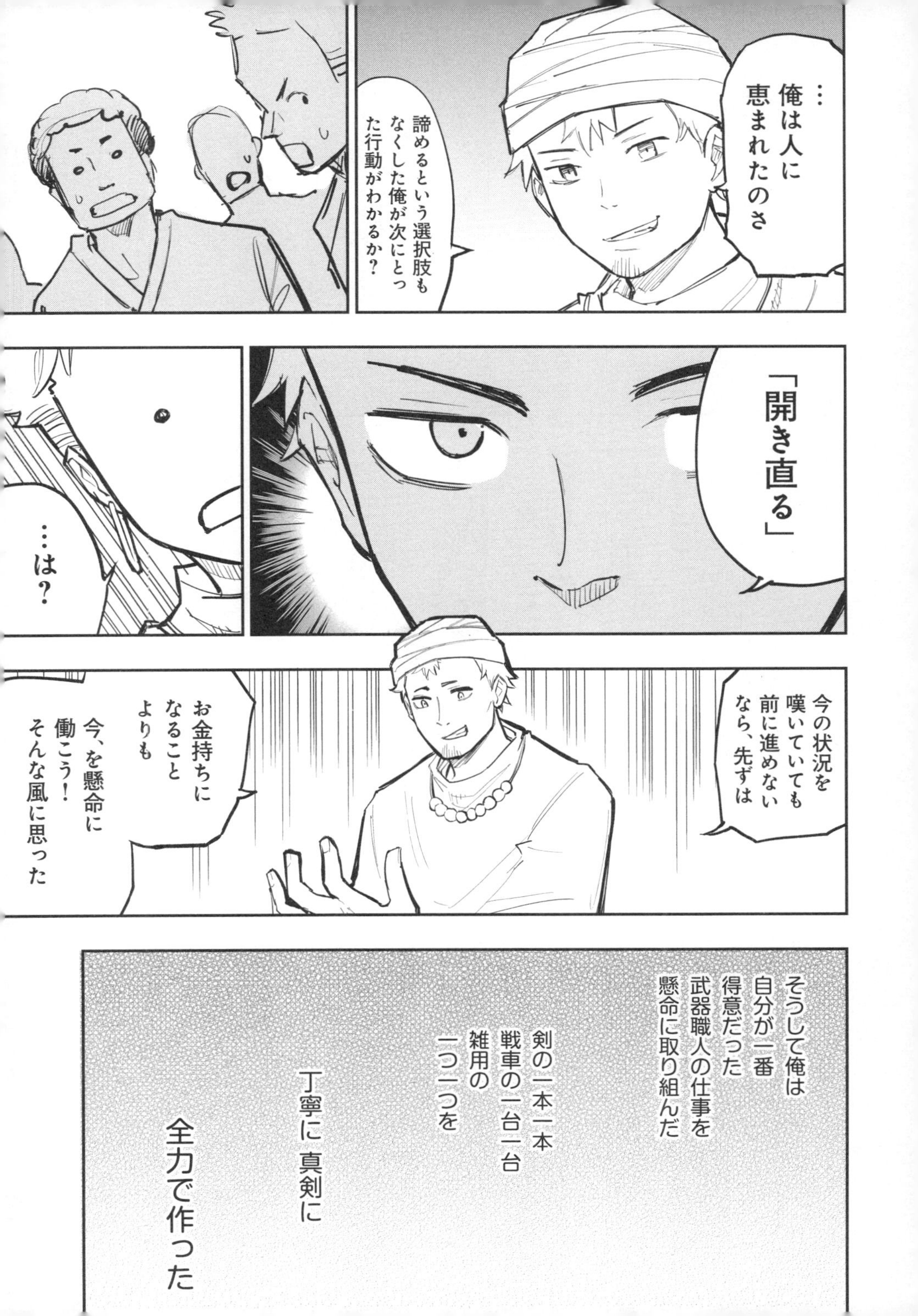
…俺は人に恵まれたのさ
諦めるという選択肢もなくした俺が次にとった行動がわかるか？
「開き直る」
…は？
今の状況を嘆いていても前に進めないなら、先ずは
お金持ちになることよりも今、を懸命に働こう！そんな風に思った
そうして俺は自分が一番得意だった武器職人の仕事を懸命に取り組んだ
剣の一本一本戦車の一台一台雑用の一つ一つを
丁寧に 真剣に
全力で作った

例えば
刃物を一つ研ぐのでも
これでなにを切るのか…
料理に使うのか
戦いに使うのか…
そういうことを
想像しながら
やっていく
すると
どういうわけか
武器は少しずつ
売れ始める
なぜか
分かるか？
そういう思いで
作られた物、
こなされた作業は
お客さんに
とって
とても質の
いいものになる
お客さんは、
そのことに
対する
「感謝」を
「お金」という
ものに
形を変えて
支払っている
だけなんだ
だから
人に感謝
されるように、
今、懸命に
仕事をする
そのことが
一番大事で…
それさえ
続けていれば
必ず…
光が差す
その光は
お金だけ
じゃなく
心をも満たす
だから
金持ちになった者も
仕事を続けるんだ

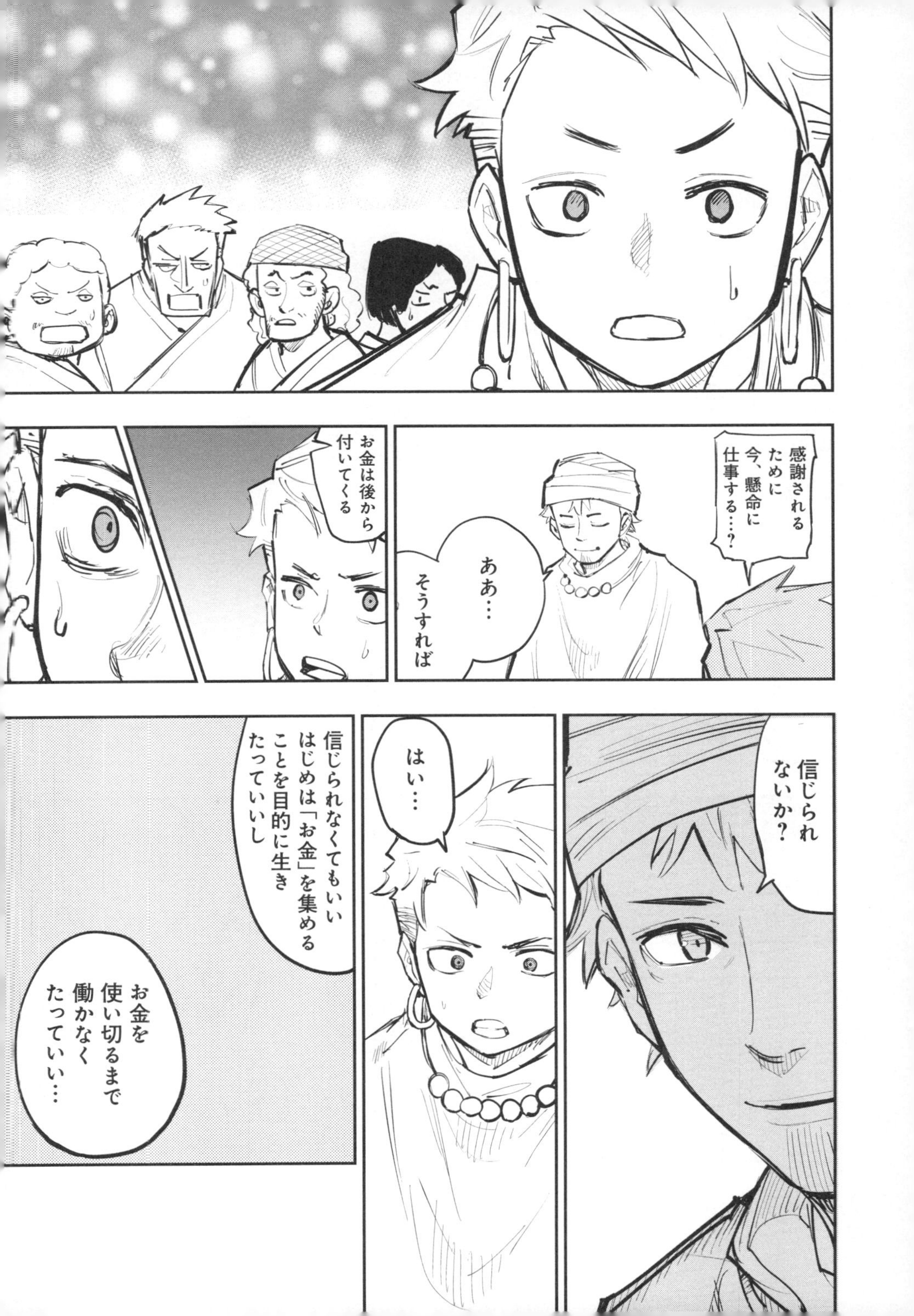
感謝されるために今、懸命に仕事する…？
ああ…
そうすれば
お金は後から付いてくる
信じられないか？
はい…
信じられなくてもいいはじめは「お金」を集めることを目的に生きたっていいいし
お金を使い切るまで働かなくたっていい…

ただ感謝を忘れちゃいけないいぜ
今手にしてるお金は…それが銅貨一枚でも
誰かが働いたことで世の中に出回ったんだ
それが巡り巡って
また国が富む
パチ
パチ
わ、なんだお前ら
パチ
パチ
パチ
パチ
寝ろ寝ろ寝ろ！恥ずかしぃ！

人に
感謝される
仕事をすることに
意味がある…
ふーん…
そんなもんか
早く寝ろ
ハダン…
夜明けは早いぞ
……
ぐおー

お金は
おまけ…か

6 お金があれば幸せか

私たちは漠然と「お金さえあれば幸せだ」と考えてしまいますが、あらゆる幸福に関する調査で、お金が増えれば増えるほど幸せではなく、年収800万円程度がピークで、それ以上は収入が増えても幸福度は変わらないという結果が出ています。

想像してもらえばわかると思います。タワーマンションの最上階で、高級な牛肉の高級な部位を独りで食べる。そのようなことをしても最初は幸せを感じるかもしれませんが、すぐに飽きてしまうはずです。

先に紹介したトマス・J・スタンリーの『The Millionaire Mind』によれば、億万長者は92%が結婚していて、家族を作ることが大切であるとアンケートに答えています。また「仕事で必要な能力は?」と問うと、「大学時代の成績よりも、まわりの人とうまくやる能力」と答えます。

さらに、アメリカ・ブリガムヤング大学のジュリアン・ホルトランスタッド教授(心理学)は2010年、148の研究、30

万人以上のデータの分析をおこない、**「社会的なつながりを持つ人は、持たない人に比べて、早期死亡リスクが50%低下する」**とする結果を発表しました。孤独が健康面において最大のリスクになると、私たちに警鐘を鳴らしています。

人類の歴史の大部分は狩猟採集時代でした。警察も病院もないので、集団をつくり、食べ物を分け合って生き延びてきました。その時代、一人になることは「死」を意味したのです。

そのため、我々の脳は、人に何かを与えてあげることで満足感を得るようにできていて（好意の返報性）、人を欺いたり、裏切ったときには罪悪感が生まれるようになったと考えられます。

もちろん、生活に困窮するほど**お金がなければ不幸ですが、お金があればあるほど幸せになれるのではなく、人とのつながりを持たなければ幸せを実感することはできないのです。**

バンシルが借金まみれになり、身動きがとれなくなったとき、自身の職業である武器職人の仕事を懸命にこなしながら、誰かに喜んでもらうことを第一に考え、「お金はおまけ」という結論にいたりました。

もしあなたがいま、お金や仕事のことで悩みや迷いを抱えているのであれば、まずは家族や同僚、お客さんに喜んでもらうことを目的に仕事に向きあってみてはいかがでしょうか。

そして得られた収入の一部を貯蓄し、現代の発達した金融商品であるインデックスファンドを購入し、世界中に分散投資を行う。その投資に時間はかかりませんから、空いた時間で（お金をかけずに）家族や友人との絆を深める。

そのような生き方が、バビロニアの人々が残した知恵を受け継いだ、「富」と「幸福」を生み出す生き方と言えるのではないでしょうか。

エピローグ
最後の黄金法則

なんで
お腹が減ると
音がするの!?
それはねー
お腹の虫さんが
泣いてるからだよ
?

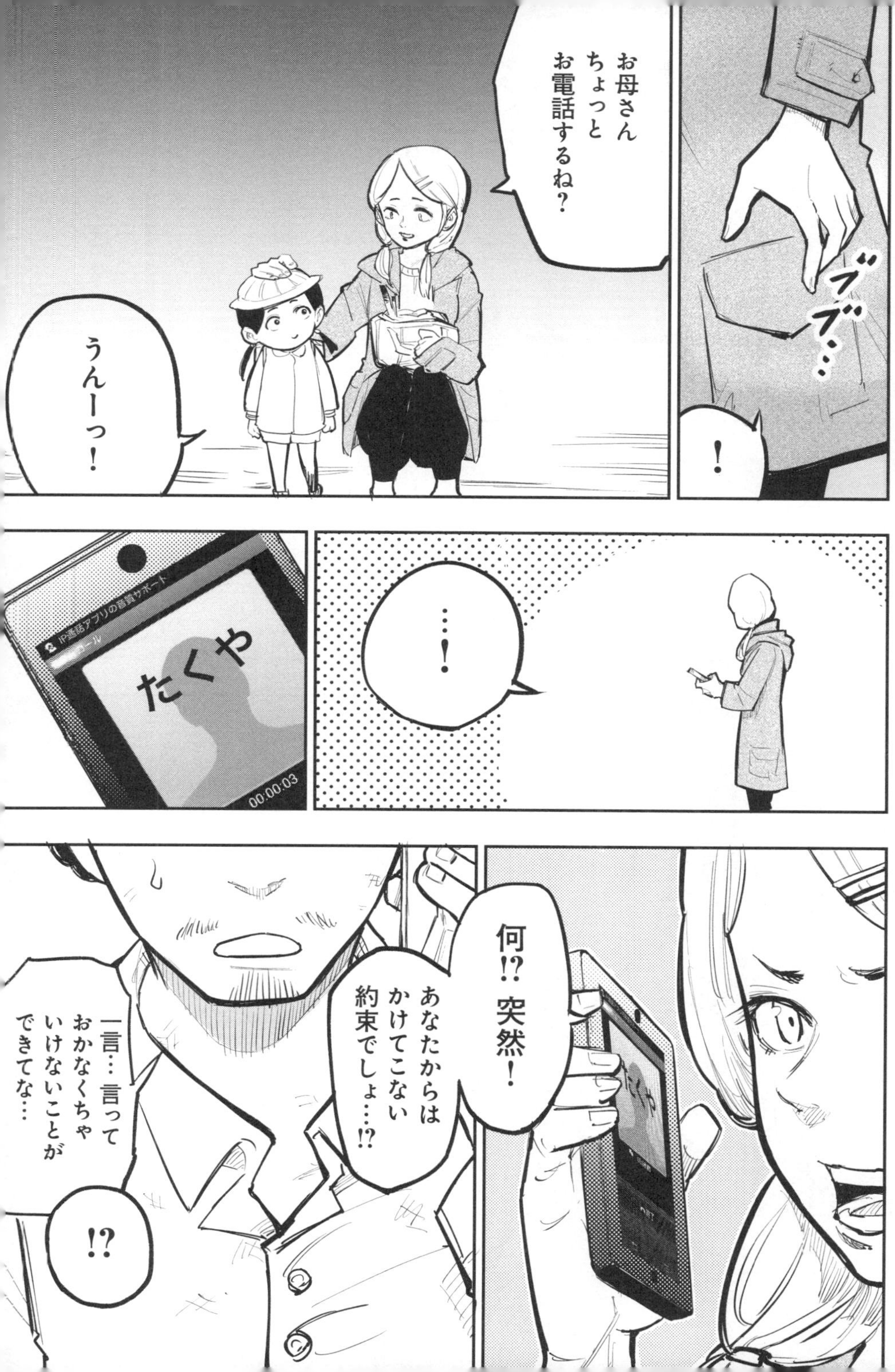
ブブ…
!
お母さん ちょっと お電話するね？
うんーっ！
…！
IP通話アプリの音質サポート
コール
たくや
00:00:03
何⁉ 突然！
あなたからは かけてこない 約束でしょ…⁉
一言… 言って おかなくちゃ いけないことが できてな…
⁉

俺は借金を必ず返す…
…何よ
そしたら…
戻ってきてくれないか？

いやに決まっ
てんでしょ
……
ピ
ママ
どうしたの
お腹痛いの？
…
大丈夫だよ！
今夜は
ハンバーグに
しようか！
やった!!

お…電話
はい
粘土板の解読は終わった
明日、取りに来てくれ
おおおお!!
まじか!!
はやいな
……あのさ
?
なんだ…
他にも未解読の粘土板なんかあったら俺に回してくれないか
解読したい
クビにはなったが頼めば
大学の研究室も使わせてもらえる…気がする

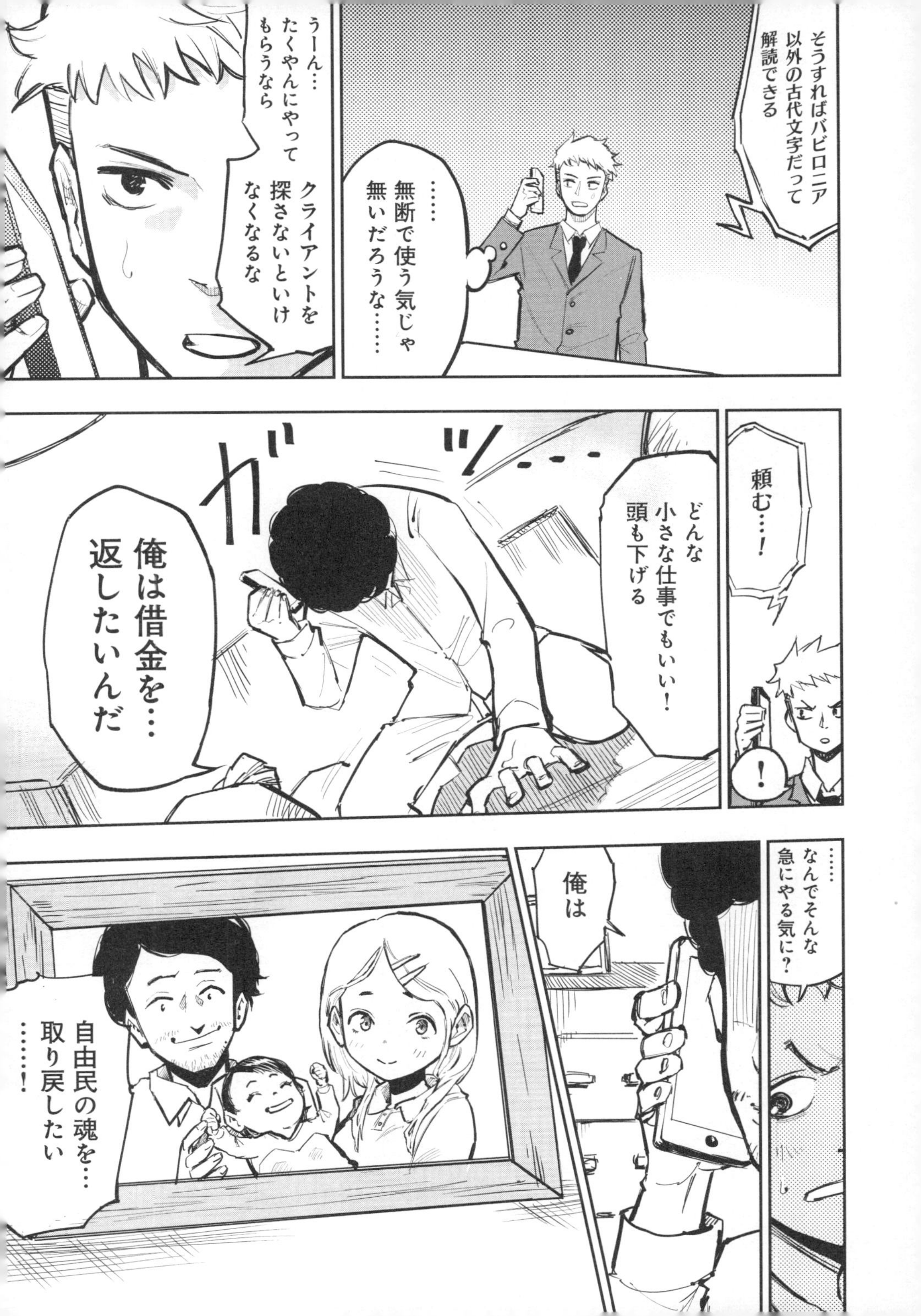
そうすればバビロニア以外の古代文字だって解読できる
……無断で使う気じゃ無いだろうな……
うーん…たくやんにやってもらうなら
クライアントを探さないといけなくなるな
頼む…！
どんな小さな仕事でもいい！頭も下げる
俺は借金を…返したいんだ
ガツ
…
……なんで急にそんなやる気に？
俺は
自由民の魂を…取り戻したい……！

……ああ
分かったよ
ありがとう！
……頼む！
こうして、俺の
借金返済が
始まった
考古学研究

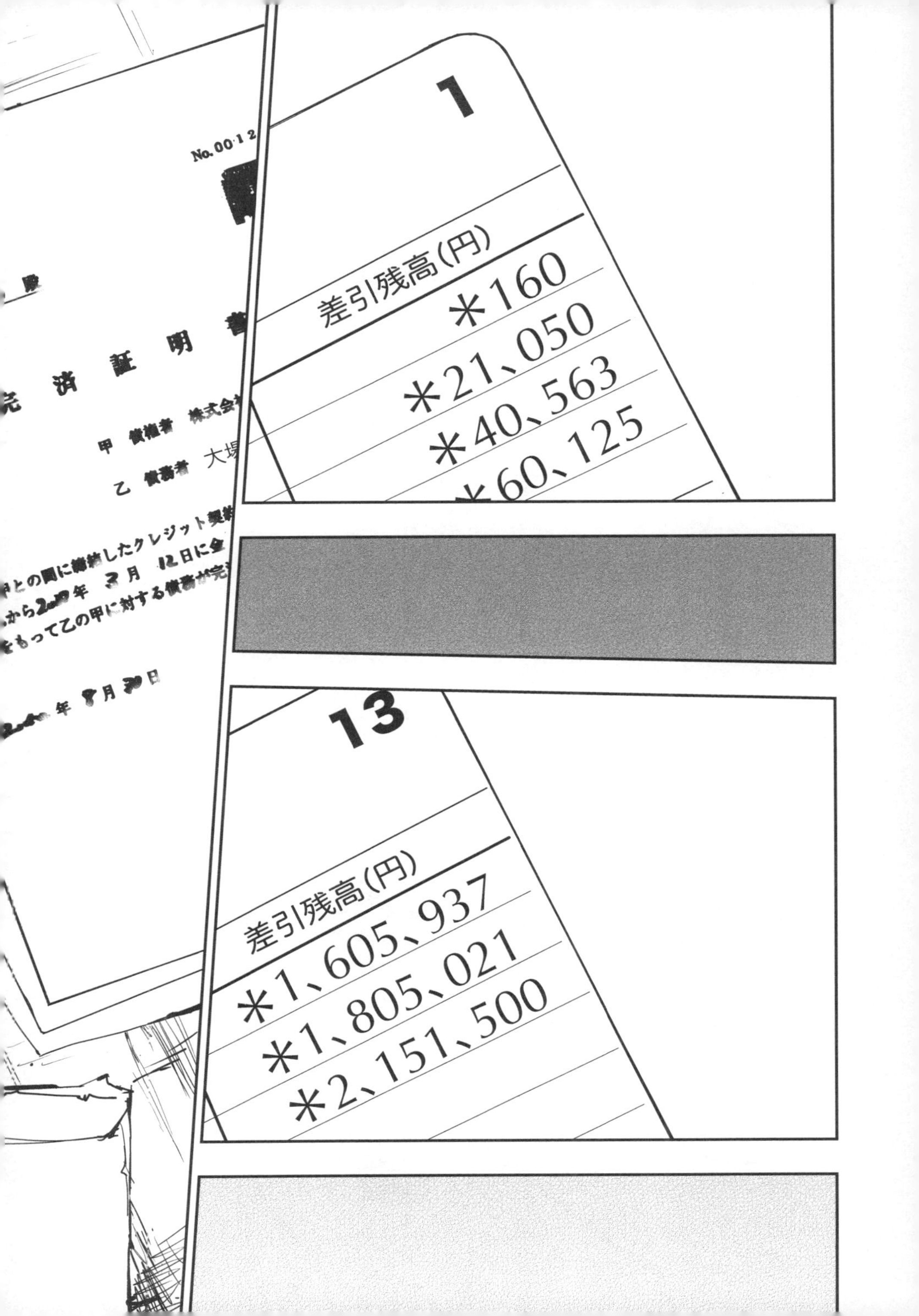
1
差引残高(円)
*160
*21、050
*40、563
*60、125
13
差引残高(円)
*1、605、937
*1、805、021
*2、151、500
No.0012
殿
完 済 証 明 書
甲 債権者 株式会
乙 債務者 大場
甲との間に締結したクレジット契
から　年 3月 12日に全
をもって乙の甲に対する債務が完
年 8月 30日

乾杯——!!
まさかこんなに短い期間であれほど沢山の解読をこなすとはな!
おかげでうちの会社はとても利益が出たよ、申し訳ないくらいに
申し訳ねえことないだろ、俺だってそのおかげで、
また大学の教員としてやらせてもらえることになったんだから
万事良好、だな お互い!
!
家族がいない
いや……

貴代子と愛佳に…
恩を返せてねえ
それが…ひっかかってさ
電話で
借金返し終えたら
「戻って来てくれ」って言ったんだ
……
すげなく断られた
…ショックだったけど
あいつらには迷惑かけたから…当たり前だ
……

覚えてるかたくやん
大学の時のこと
お前、貴代子さんに何度も告白してはフラれて
毎回大号泣してたよな
……？
懐いなー
それで貴代子さん気づいたんだって
こんなに諦めずに気持ちをぶつけてくれる人他にいないって
そうなのか…？
そう

すごく嬉しかったんだって
それでお前のこと好きになったんだ
きっと今はその気持ちが埋まってるだけだ
だったら
掘り起こして解読するのが
たくやんじゃないか
今、俺の目の前には壁がある
それは
動いた者とそうでない者を
分ける壁

DVD-VIDEO
貴代子!!

やっぱり…
通園路だもんな…
この時間
な…
なに急に
……
俺さ…
間違ってた
…？

お前たちが
いなきゃ
ダメだ
俺は幸せに
なれない
……
…!?
この前の
電話のことなら
断って…
ばっ
見てくれ
とりあえず
四百万ある
次のクライアントも
見つかってて…
多分もっと稼げる

!?
……
お金で戻ってこいってこと？
違う！
考えてみたんだ…この金をどう使うか
金があればうまいものが食える
旅行にも行ける
でも
ぎゅっ…
気づいたんだ…
何をしたってお前らがいないとちっとも嬉しくない
お前らがいないのなら金なんて価値がない…

それが俺の
黄金法則だ
だばっ
な…なに？黄金法則？
本当に迷惑かけたなあ
そうだ
俺のためにお前は

朝早く起きて弁当を作ってくれた
夜中に起きてそっと毛布をかけてくれた
近所の公園も特別なデートスポットにしてくれた
喧嘩した日だって帰りは笑顔で迎えてくれた
いくら払っても返せない…
尊いものだ
俺の世界を…黄金に輝かせてくれるものだ
それはもう
「仕事」なんて言葉じゃきっと表せない
貴代子
愛佳…俺と

もう一度家族に
なってくれませんか
あいかなる—!!
三年後
一度離婚した夫婦が仲直りするのは
世間が思ってるより難しい
でも元夫婦だから分かり合えたこともたくさんあったみたいで

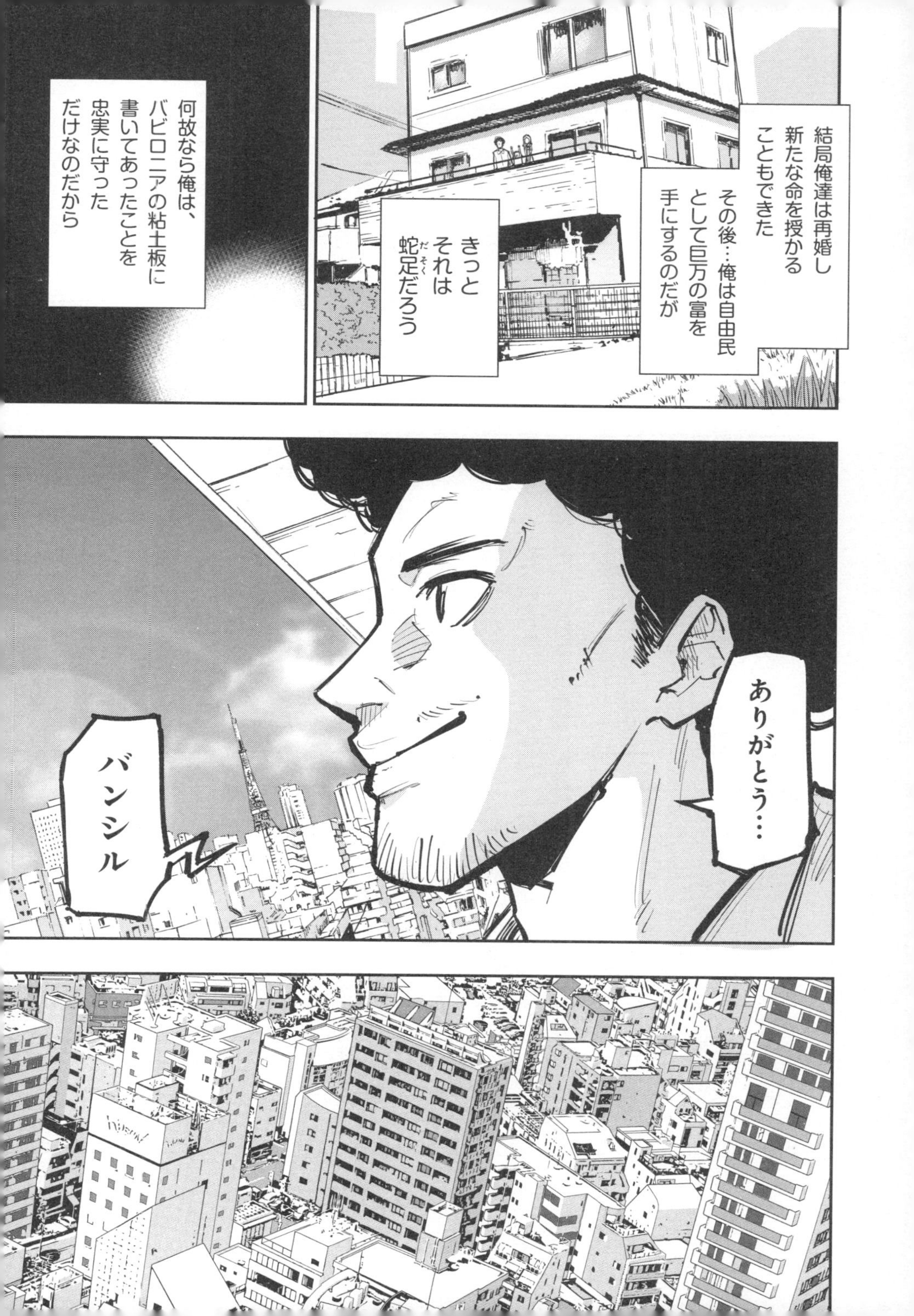
結局俺達は再婚し新たな命を授かることもできた
その後…俺は自由民として巨万の富を手にするのだが
きっとそれは蛇足《だそく》だろう
何故なら俺は、バビロニアの粘土板に書いてあったことを忠実に守っただけなのだから
ありがとう…
バンシル

かつて
ユーフラテス川流域に
バビロニア
という国があった
現在では
すでに土へと
環《かえ》ったが
この国の人々が
生み出した知恵は
遥か時が経った今でも
私たちに「富」と「幸福」を
もたらすのである

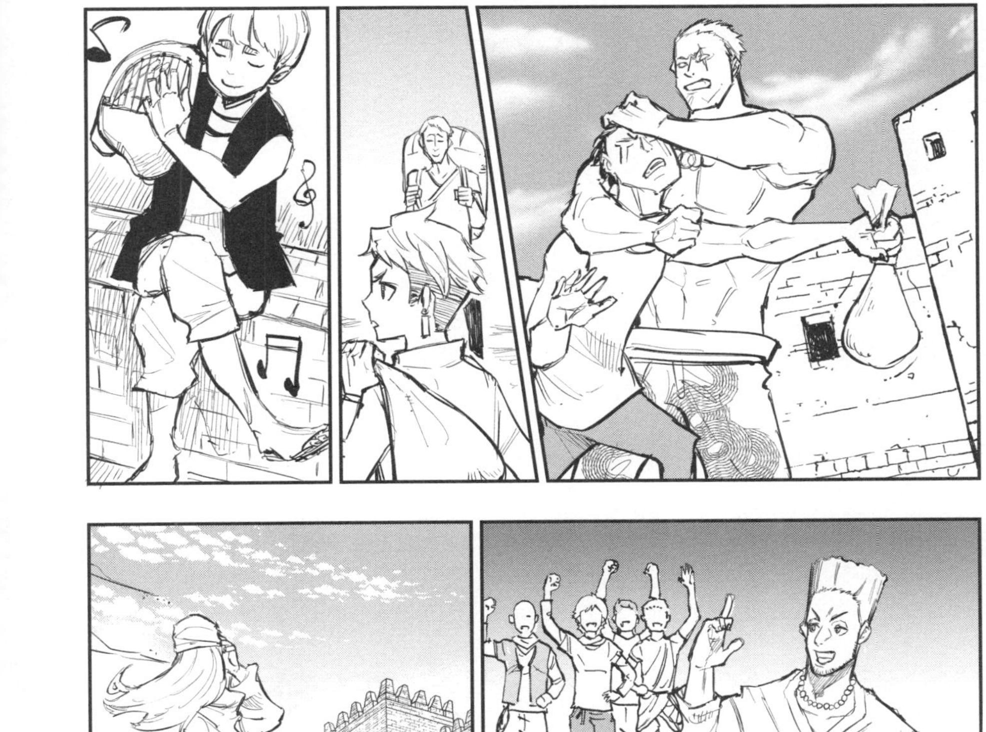

END...

参考・引用文献

『1億円貯める方法をお金持ち1371人に聞きました』トマスJスタンリー・序文 橘玲（文響社）
『難しいことはわかりませんが、お金の増やし方を教えてください！』山崎元・大橋弘祐（文響社）
『〈新訳〉バビロンの賢者に学ぶ錬金術』ジョージ・S・クレーソン著・林陽訳（かんき出版）
『世界一孤独な日本のオジサン』岡本純子（角川新書）
『the four GAFA 四騎士が創り変えた世界』スコット・ギャロウェイ著・渡会圭子訳（東洋経済新報社）

※本書は『The Richest Man In Babylon（バビロン一の大金持ち）』を翻訳・脚本・漫画化したものです。原作にはない演出が含まれます。
※本書にはバビロニアに実在しなかった名称や習慣なども含まれます。
※本書の情報はあくまでも情報提供を目的としたものであり、特定の商品についての投資の勧誘や売買の推奨を目的としたものではありません。情報の利用によって何らかの損害を被ったとしても、出版社および著者は責任を負いかねますので、投資にあたっての最終判断はご自身でお願いいたします。

原 作　**ジョージ・S・クレイソン**

1874年、米国ミズーリ州ルイジアナ生まれ。ネブラスカ大学卒業後、米西戦争中に、米国陸軍で軍務に就く。その後、コロラド州デンバーにおいてクレイソン・マップ・カンパニーを設立。1926年に節約と経済的成功をテーマにした短編寓話シリーズを発行し、人気を博す。のちにこのシリーズが『The Richest Man In Babylon（バビロンいちの大金持ち）』として単行本化され、90年以上たった今も世界中で翻訳されて、いまなお読者を増やしつづけている。

漫 画　**坂野旭**（さかの・あさひ）

1995年、北海道生まれ。元陸上自衛官。2014年に『戦場の華』で「第86回JUMPトレジャー新人漫画賞」佳作を受賞し、デビュー。その後「ジャンプGIGA」への読み切り掲載を経て、2019年に同誌で短期連載を行った。繊細な画力を生かしたファンタジー作品を得意とする。

企画・脚本　**大橋弘祐**（おおはし・こうすけ）

作家・編集者。立教大学理学部卒業後、（株）NTTドコモの広報、マーケティング職を経て現職に転身。初小説『サバイバル・ウェディング』（文響社）が日本テレビ地上波で連続ドラマ化される。また、『難しいことはわかりませんが、お金の増やし方を教えてください！』（山崎元との共著、文響社）など『難しいことはわかりませんがシリーズ』が40万部を超えるベストセラーになる。

THE RICHEST MAN IN BABYLON

漫画 バビロン大富豪の教え

「お金」と「幸せ」を生み出す五つの黄金法則

2019年10月8日　第1刷発行
2024年12月23日　第32刷発行

原　　作　ジョージ・S・クレイソン
漫　　画　坂野旭
企画・脚本　大橋弘祐
ブックデザイン　吉岡秀典（セプテンバーカウボーイ）
翻訳協力　齋藤慎子
監　　修　中田一郎（中央大学名誉教授）
作画協力　なっとうごはん／大野智香／大野三和
発 行 者　山本周嗣
発 行 所　株式会社文響社
〒105-0001
東京都港区虎ノ門2-2-5 共同通信会館9F
ホームページ　http://bunkyosha.com
お問い合わせ　info@bunkyosha.com
印刷・製本　中央精版印刷株式会社
日本ハイコム株式会社

ISBNコード：978-4-86651-124-5　Printed in Japan

この本に関するご意見・ご感想をお寄せいただく場合は、
郵送またはメール（info@bunkyosha.com）にてお送りください。